PEER NOVATION
同道创力

[美] 利奥·伯特利（Leo Bottary）著

庄理昂 译

关于建立高绩效团队，私董会小组有何借鉴？

·广州·

版权所有　翻印必究

图书在版编目（CIP）数据

同道创力 /［美］利奥·伯特利（Leo Bottary）著；庄理昂译. —广州：中山大学出版社，2021.7

ISBN 978 - 7 - 306 - 07232 - 0

Ⅰ. ①同… Ⅱ. ①利… ②庄… Ⅲ. ①企业领导学 Ⅳ. ①F272.91

中国版本图书馆 CIP 数据核字（2021）第 140241 号

TONGDAO CHUANG LI

| 出 版 人：王天琪
| 策划编辑：曾育林
| 责任编辑：王　燕
| 封面设计：曾　斌
| 责任校对：陈　莹
| 责任技编：何雅涛
| 出版发行：中山大学出版社
| 电　　话：编辑部 020 - 84110771，84110283，84113349，84110779
|　　　　　发行部 020 - 84111998，84111981，84111160
| 地　　址：广州市新港西路 135 号
| 邮　　编：510275　　　　传　真：020 - 84036565
| 网　　址：http://www.zsup.com.cn　E-mail:zdcbs@mail.sysu.edu.cn
| 印 刷 者：广州市友盛彩印有限公司
| 规　　格：787mm×1092mm　1/16　8.625 印张　150 千字
| 版次印次：2021 年 7 月第 1 版　2021 年 7 月第 1 次印刷
| 定　　价：68.00 元

如发现本书因印装质量影响阅读，请与出版社发行部联系调换

作者简介

利奥·伯特利是同道创力有限责任公司的创始人和执行合伙人。他在同侪优势和"同道创力"领域是一位受人尊重的思想领袖,他致力于以创新方式战略性地与同侪互动,实现个人和组织的卓越绩效。他也是一位受欢迎的作家、演讲人和工作坊引导人,同时还担任罗格斯大学讲师和 CEOWORLD 杂志的专栏作家。利奥的第一本书《同道神力:美国老板60年长聚不散伟事达私董会的秘密》(2016),是他与伟事达前 CEO 利昂·夏皮罗合著的,探讨了由 CEO 和企业领袖组成的私董会如此有效的原因。他的第二本书《人人都能做什么:与正确的人在一起,推动变革、带来机遇和个人成长》(2018),研究了在正式和非正式的场域环境中同我们身边的同侪人士相互引导和互动的场域能量。

在任职于罗格斯大学之前,利奥是西顿大学的兼职教授,他在那里领导研究生线上和线下的学习小组,致力于领导力和战略沟通领域的研究。2015年4月,他被评为西顿大学传媒及艺术学院年度最佳外聘讲师。

在职业生涯早期,他曾在 Mullen 以及 Hill & Knowlton 广告公司担任高级领导职务,同时担任国内客户服务总监。20世纪90年代中期,他成立了一家公关公司,这家公司被知名行业出版机构誉为本地知名企业、新媒体先驱和杰出的工作场所。利奥在杰克逊维尔大学获得学士学位,在西顿大学获得战略沟通和领导力硕士学位,在东北大学完成博士课程。

关于本书

利奥·伯特利又出书了！而且这本新书恰好遇上了疫情下工作模式的转变及更新迭代。他的新书《同道创力》基于他之前的《同道神力》一书，为CEO私董会提供已被验证的更高层次团队洞察力和更高企业绩效的理念。在后新冠疫情的世界中，随着人工智能在更多行业出现，《同道创力》提醒我们唯一不会改变的是我们的人性以及合作、创造的能力。这些都将是（人类社会）未来几十年繁荣的关键。

——《福布斯》杂志出版人和未来学家 里奇·卡尔高（Rich Karlgaard）

这是一本写给CEO、首席财务官和其他正在应对快速转型的高级管理人员的杰出著作，其中包括一些关于人性和团队合作的很酷的见解和提示。作为一名作家，利奥有一种罕见的天赋，他能接受难以理解的抽象概念，并将它们转化为容易理解且令人愉悦的叙述。本书十分引人入胜，兼具娱乐性和可读性，并且包含解释明晰的重大理念。读这本书，向最好的人学习。

——CEOWORLD杂志CEO兼主编 阿马伦德拉·布尚·迪拉杰（Amarendra Bhushan Dhiraj）

利奥·伯特利是同侪及组织赋能的终极专家。在他的最新著作《同道创力》中，他巧妙地探索了高绩效组织和团队的成功因素。在一个团队必须创造全面影响力的时代，学习如何打破壁垒，发掘同侪的价值，扩宽视角以做出更好的决策，从而更有效地合作，变得尤其重要。

——《破解好奇心密码》作者　黛安·汉密尔顿（Diane Hamilton）

利奥已经成为包容力的代言人。只有拥有开放的思维和开放的心灵，我们才能一起变得更强大。在一个全新的经济系统中创新前行、蓬勃发展，尤其当前正处在时代的分水岭，"同道创力"的思维极其重要。

——数字化人类学家、畅销书作者、主旨演讲人　布莱恩·索利斯（Brian Solis）

领导者的一个职能就是向外界并在公司内部寻求新的想法和机会。在动荡变化的时期，制胜的关键在于人。通过形成一个强大、具有多元化的思维、极富灵感并相互支持的组织，我们成功的可能性增加了。利奥《同道创力》的框架展示了一种将同侪优势最大化的方法。

——YPO（世界青年总裁组织）前 CEO　斯科特·莫德尔（Scott Mordell）

团队合作使梦想成为现实。随着商业世界慢慢进入一个合作和丰富的时代，利奥的著作是领导者探索他们团队无限潜力的指南。

——W.I.N Mastermind 集团创始人兼 CEO　亚历山大·基纳（Alexander Keehnen）

个人根本不是一个团体或团队的对手。随着《同道创力》的出版，利奥精彩地呈现出这样一套理念：当我们拥有一个共同的目标和共同的价值观时，我们一起努力为彼此赋能，可以创造出比我们自身更重要的成就。借助你的最佳判断和所信任的同道观点，你将持续保持高绩效的领导力。我们的目标是，帮助高绩效领导做出有益于他们企业、家庭和社区的重大决策。这个目标在当前时期尤其重要。

——伟事达全球 CEO　山姆·里斯（Sam Reese）

在《同道创力》一书中，利奥将向你展示如何与一群战略伙伴聚在

一起,然后通过这些人与人的联结来显著提升你的思维水平、决策能力、团队合作以及在纷繁的世界里有所作为的力量。

——*Conversational Capacity* 和 *Influence in Action* 作者 克雷格·韦伯(Craig Weber)

利奥·伯特利给了我们一个剧本,一个需要我们沉浸其中并亲身践行真理的剧本。他帮助我们将思维从"我"升华到"我们",并通过极具创意的奇闻逸事、深思熟虑的练习和研究来支持这个理论:当团队一起合作时,美好的事物就可以实现。

——Choose 2 Matter 咨询公司创始人 安吉拉·迈尔斯(Angela Maiers)

从"我"升华到"我们"是个人、企业和社会的成功之道。在这部精彩的著作中,利奥把私董会小组和工作团队之间的共同点联系起来,向我们展示了我们作为人类进化的前进之路。

——Circles 咨询公司 CEO 兼创始人 丹·霍夫曼(Dan Hoffman)

将影响力阶梯融合到自我循环就形成了一个了不起的工具模型,它抓住了信念和行为的真正本质,以及领导力要求的两者之间的联系。利奥·伯特利一直是私董会行业的灵感源泉,他理解个人融入这个体系对团队获得成功的重要性。他还将这一理念提升到一个全新的层次,并称之为"同道创力",这将使人们更清楚地了解私董会小组在每次探索复杂且重要的决策观点时都能成功的原因。谢谢你,利奥,感谢你的引导,并将灵感分享给私董会行业的领袖们。

——TEC 加拿大总裁兼 CEO、TEC 私董会总裁教练 托德·米勒(Todd Millar)

总体而言,领导者有两种类型:一种是那些必须成为房间里最聪明的人,另一种是那些身边包围着真正有才华的团队的人。如果你是房间里最聪明的那位,那么这本书不适合你。如果你想学习如何吸引、赋能和联合一个高绩效的团队,那么恭喜你,你已经找到实现团队涅槃升华的理想书籍。

——伟事达私董会教练、EOS®体系实践家　卡蒂娜·科勒（Katina Koller）

四年前，《同道神力》一书激起了我们邀请利奥来我们家乡（葡萄牙波尔图市）的想法。他同瑞安·弗兰德（Ryan Foland）和拉斐尔·戈登（Rahfeal Gordon）一道，向企业家们讲述了私董会小组如何帮助企业实现增长。在访问期间，我们风风火火地成立了自己的私董会小组，还在波尔图的街道上完成了14千米跑，此项活动一直延续至今。《同道创力》是一部很棒的读物，它展现出利奥致力于成就更好的领导者、更强大的团队以及更协作的世界的愿景。我们感谢他的友谊，感谢他的第三本书，也是迄今为止最好的一本书。

——ScaleUpValley.com 联席CEO　麦克·迪亚斯（Mike Dias）、玛丽·梅内泽斯（Mary Menezes）

《同道创力》是一本这样的书：当你面临着当今每位企业家都经历着的重大模式转变的阶段时，你能从中得到助力并找到正确的方向。我们无法单独分析数据、做出关键决策和应对挑战。你的同道与你面临着同样的挑战，只有在一起，我们才能更强大。

——Eccountability Virtual Masterminds 创始人　罗南·莱纳德（Ronan Leonard）

如果你想得到高绩效的团队（谁不想要呢?），那么利奥·伯特利的新书《同道创力》将给你所需要知道的一切。他告诉我们：当我们和同道一起学习时，我们会学得更好，因为学习、分享、应用和实现的循环是需要不断强化和重复的。他一遍又一遍地用案例来证明这一点，这些案例说明了高绩效群体所共有的五大因素。"同道创力"将"同道"与"创新"结合起来，通过本书，利奥向我们展示了如何实现这一点。你还在等什么？

——Peer Learning Institute 联合创始人　黛博拉·斯普林·劳蕾尔（Deborah Spring Laurel）

21世纪的领导人必读本书,"同道创力"是我们这个时代最重要的原则之一。当前,人类遭遇挑战,必须激发不同的思维实现成功和经济增长。利奥·伯特利通过这部引人入胜且方便实用的著作,帮助我们在当前可能是几代人所面临的最大挑战的环境下,最大限度地发挥潜力。

——伟事达英国私董会教练　劳拉·戈登(Laura Gordon)

在一个瞬息万变的世界里,与他人交流并向他人学习对成功而言至关重要。在《同道创力》一书中,利奥·伯特利提供了人人都能借鉴的事实、案例和实践,人们可以通过践行同侪助力的原则来建立、参与和领导高绩效团队。这是一部众人皆宜的伟大著作。

——Executive Growth Alliance 公司创始人、Next Step 公司 CEO　珍妮弗·维瑟尔斯(Jennifer Vessels)

利奥又出书了!他身处同道团队的观察前沿,具有无可辩驳的"同道神力"。他的第一本书让我们理解了私董会类型组织的力量,而这本书让我们能够更深入地理解当你致力于合作和创新时,实现的成果是令人惊叹的。我们可以学到很多,并将其应用到我们的团队和组织中,来保证我们取得成功并向前迈进。在无穷尽的可能性面前,我们只需要畅所欲言,只需要充分倾听的环境和框架体系即可,而这两点在利奥的著作中都有呈现。

——Helping People Create and Have Presence 成员　亚当·哈里斯(Adam Harris)

在《同道创力》中,利奥为作为领导者的你、你的同侪和你领导的人拓展了体验和案例学习的深度,并提供了持续学习的框架。他写道:"如果我们希望在未来实现共同繁荣……我们可以扩展同事和朋友圈,倾听理解,要求媒体做得更好,期待领导人做得更好,并在达成一致的基础上再接再厉。"《同道创力》的深刻见解可以具体详尽地支持你塑造一个更好的自己。

——光辉国际集团总裁　塞西莉亚·K.豪泽(Cecelia K. Houser)

在近10年的时间里,我在观察利奥·伯特利的工作时注意到他一直在传递一个信息:集体总是比个人强得多。他在新书《同道创力》中,对这一点表述得再清楚不过了。利奥作为他所研究过的部分高绩效CEO私董会中的成员——无论是作为私董会组员,还是作为演讲人——他同一些最棒的企业领袖合作,为你提供了一个帮助你指导组织团队框架的体系,这样你就再也不会看到别人耸耸肩或听到他们喃喃自语:"这就是我们一直以来的做事方式。"如果你遵循他的建议,在框架内选择自己的探险旅程,你的团队就会更具创新精神、更富创意、更有效率。对这本书,你要去读,去研究,去实践,然后再读一遍。

——Spin Sucks 公司创始人、*Spin Sucks* 作者 吉尼·迪特里希（Gini Dietrich）

作为一名企业家和CEO,我能取得成功,在很大程度上依赖于三种资源:一群知无不言、言无不尽的私董会组员,天才且敬业的团队,以及像《同道创力》这样的书籍。这三种资源使我和工作都处于未来的前沿。因此,正如你所能想象的,任何一本书,只要能告诉我如何更有效地发挥私董会小组的能量,激励我的团队表现得更好,那就是我的必读书籍。我强烈推荐给所有团队的领导人或成员。

——intraHouse 公司创始人 André Eidskrem

在一个以利润为主要焦点的商业世界里,利奥·伯特利向我们发出挑战,他提出,如果我们开始发问如何才能使我们的团队更快乐、更有效率,那么组织就可以更具创造力、更具影响力和盈利能力。在《同道创力》中,利奥分享了他从"我"到"我们"的心路历程,并通过他与私董会小组的合作,帮助我们把注意力转向打造更高利润企业的核心:高绩效的团队。如果你想在未来的岁月里茁壮成长,那就把《同道创力》添加到阅读清单中吧。

——Coaching Mavericks 公司CEO 杰·伊索（Jay Izso）

我在经历了一些痛苦的教训后认识到了这个道理:周围是什么样的

人真的很重要。利奥的《同道创力》概述了一个框架来汲取"同道神力"。书里满满的都是实用的建议，告诉我们为什么更具选择性、战略性和结构性地选择自己周围的人才是我们最终成功的动力。

——*Ditch the Act：Reveal the Surprising Power of the Real You for Greater Success* 作者及演说家　瑞安·福兰德（Ryan Foland）

25 年来，我亲身感受到了将不同背景、经历、行业和企业所处生命周期的人聚集在一起的力量。当私董会小组"共同努力使彼此更好"并达到"质变到量变"的水平时，他们就是高绩效的小组了。此言不虚。但是，如果要为自己的私董会小组及组员所在的团队"创造比自身更伟大的成就"，那就接受挑战吧！

——伟事达全球私董会大师教练　珍妮特·福格蒂（Janet Fogarty）

《同道创力》是利奥·伯特利旅程的下一站。他从高绩效团队的运作开始，带领我们来到一个精心挑选的团队中，在这里，我们可以使彼此更好、更强大，创造出比自身更伟大的成就。我喜欢读利奥的最新著作，看他如何将"同道"（像我这样的人）的概念与"创力"（创造力实现）结合起来。我也相信集体智慧的力量，利奥做了一项出色的工作，解释了我们为何必须有意识地借助"同道神力"和"同侪优势"来创造我们的共同成就。

——*Critical Mass for Business* 私董会主席　理查德·弗兰齐（Richard Franzi）

如果你仅需要读一本专研如何培养和建立一个战略性高绩效团队的书，那这本书就是《同道创力》。在现代社会中，再没有这样一本书在这么一个无法更完美的时刻出现了。这本书为优秀的团队合作提供了广泛的参考。利奥的工作完美地阐明了最好的实践方法和洞见，帮助我们所有人提升了自己的私董会小组。干得真棒！利奥。

——Madison + Park 全球品牌推广经纪公司 CEO　拉斐尔·戈登（Rahfeal Gordon）

无论你是刚开始职业生涯,还是接近职业顶峰,抑或处于两者之间,学习本书中的内容对你的职业发展都是很有价值的。

——总裁教练、演讲人、顾问、作家　梅·布什［May（Chien）Busch］

利奥在第一本书中阐述了"同道神力",在第二本书中讲述了任何人都可以通过与合适的人在一起来实现些什么,又在《同道创力》中对同侪影响提出了全新的视角和洞见。他深入探讨了同道身上的共同价值观和共同目标如何产生比以往任何时候都更好、更伟大的成就。请把阅读《同道创力》看作你探索私董会小组超能力旅程的下一步。

——伟事达全球私董会教练　乔治·格洛弗（George Glover）

对于任何想通过利用一个有效管理和领导团队所赋予的力量来实现伟大成就的人而言,《同道创力》是一本必读的书。利奥共享的框架是基于他10多年的学术和经验研究,这将彻底改变你团队的运作方式。今天,你运用了他的智慧,未来你将享受它所带来的帮助。

——总裁教练、国际演讲人　西蒙·亚历山大·翁（Simon Alexander Ong）

译者序

2017年春，本人有幸拜读了利奥·伯特利先生的第一部著作《同道神力》。其中所述私董会中的企业家和高管会员，以及私董会教练对各自事业的热情，对私董会的原则、议程和参与投入度的专注，以及私董会给会员的企业、生活、家庭、社区带来的种种正向改变深深地打动了我。自此，这本书常伴于我身边，在工作之余以及出差候机和候车的间歇中为我带来很多的思考和遐想。

自2019年加入全球历史最悠久的私董会机构之后，我越发认识到学习、赋能、修为、提升对于组织领导人而言是一个永续且螺旋向上的循环过程。2020年秋，我有幸应作者之邀启动《同道创力》一书在中国的翻译出版工作。整个翻译过程就像一次不期而遇、说走就走的旅行，处处有似曾相识的不期而遇，时时有意料之外的收获分享。作者还经常通过电子邮件和视频会议的方式，在大洋彼岸为我们的工作团队答疑、释惑和赋能。在全人类面对共同挑战的2020年，作者践行了本书的宗旨：同道中人齐聚一堂，相互支持、挑战、分享、共创和实践"同道创力"。

利奥·伯特利先生曾在世界历史最悠久的私董会机构——伟事达全球私董会担任副总裁的职务，负责品牌营销和市场推广。现在他仍活跃在全球各大私董会机构，为各国企业家和首席执行官带来全新的组织发展理念和框架，还为各类针对该群体的杂志和网站撰写文章。尽管有林林总总的社会责任，但是利奥给我留下了更深刻的印象标签：祖父、朋友和师长。在着眼于当下的同时，利奥更着眼于未来，他会时不时地问我:"Chris,我们能为后代留下一个怎样的世界呢?"这个问题对于初为人父的我来说有点遥远,但也无法回避。确实,作为一个自然人、社会人或法人,我们能做些什么呢?

本书在翻译出版的过程中,有幸得到社会各界人士的支持和鼓励,在此深表感激。本人才疏识浅,谬误之处敬请指教。

他序一

多年来，甚至几十年来，我们都习惯遵循某些规则、某些准则而行动。"这就是我们在这里的做事方式"是这种情境下最常见的总结。很久以前，这些规则都是你领先的原因。埋头工作，然后幸福快乐地生活下去。然而，这些规则到底是谁制定的？哪里写着我们必须坚持一个同质的常规呢？它可能在过去起作用，但在不断变化的商业世界中，却会让你迷失方向。

我理解，日常规律的生活会给你一定的安慰，它有时会给混乱的工作和生活带来秩序，甚至给你一种很接地气的感觉。规律让我们舒适，但不会让我们成长。为了成长，我们必须走出舒适区，必须打破边界，走出我们被偶然或有选择地归类的框架。

我们必须和自己习惯待在舒适区中的惰性做斗争，并且要有一飞冲天的勇气和动力。我们必须扩大视野，这样反过来会赋予我们更开阔的视野，使我们成为更好的决策者。当我们能够看到多种可能性时，我们就会看到不同的视角，体验到不同的感受，这样所做的决定是基于理性，而不是出于情感。这就像是自我启蒙运动。

我们一旦对无数的可能性、观点和思维方式敞开心扉，就会放弃"我"的禁锢，进入"我们"的思维模式中。如果你曾经参与过任何团队性的体育运动，那么这个概念就已被灌输到你的大脑中，超越其他杂念。你，作为一个团队而赢；你，作为一个团队而输。这就是团队合作的方式。为了使团队获胜，每个人都必须在自己的位置上不遗余力地发挥作用。你的首发队员是最佳的选手，他们是你的重要力量，是那些训练中最早来也最晚走的人。当然，总会有选手得到更多分，并获得大部分的荣誉。但如果没有人传球给他们，这些球员也无法得分。比赛中，总得有人助攻才能获得比分。

作为领导者，我们必须向团队成员明确地说明他们的位置。一些选手可能将在未来的某一天获得荣誉，而其他人也将与之分享成就。一旦团队成员理解了团队合作的概念，谁获得荣誉也就变得无关紧要了。团队中没有"我"，这种心态应渗透到整个组织中，每个人都需要拿同一个剧本。这就是你学习的方式，这就是你成长的方式，这就是你如何拓宽边界的方式——团队一起努力。

利奥的书提供了清晰的案例，说明当每个人都朝着同一个方向划船时可以实现成果，不是因为他们时时保持一致，而是因为每个人都擅长在自己的位置上发挥作用，相互学习，并作为一个有凝聚力的团体共同努力。

杰弗里·海兹莱特（Jeffrey Hayzlett）
Primetime电视台和播客主持人、演讲人、作家和业余牛仔

他序二

《同道创力》一书关注的是什么使我们成为独一无二的人类，以及当我们组成团队时如何更好地工作和学习。当我们展望工作的未来时，本书作者利奥·伯特利请我介绍一下，即使现在还没有，将来也会很快加入工作团队的新事物：人工智能（AI）。

利奥在书中所讲述的众多故事中，令我印象最深刻的是他的私董会工作坊。当时他请 CEO 说出自己曾经参与过的最优秀的团队并说明原因，令人惊讶的是，这些 CEO 中的很多人在高中甚至在更早的时期就已经加入这样的团队。

在使用人工智能的背景下思考这件事情，我意识到通过人工智能，我也可以更清晰地忆起高中的经历，能够通过记忆中所有在场的其他人的视角来审视当时发生的事情。

人工智能可以根据所有公开和私下获得的关于某人的信息，对其高中记忆中的每个人产生基于证据的假设。人工智能像能够理解和认知般地联结一个人过去的许多不同事件、事实、遗失的细节和看似无关的要素。它可以根据你的要求，把你记忆中每个人的个性特征组合起来，具有一定的准确性，然后从你记忆中其他人的独特视角重播同样的记忆。

你与同伴互动的记忆有多重要？又有多大的帮助呢？

通过人工智能，你会从自己的记忆中学习，再叠加同侪的记忆。当时他们经历了什么？在想些什么？这不是超能力的读心术，而是人工智能根据你的同侪从高中到现在的可用行动选项，以陈述表达和人生选择为基础所做出的假设。

人工智能将在你的生活中扮演一个令人难以置信的角色。它的主要作用和功能是帮助你。它会给你提供更多的建议、意见和事实，但永远不会取代你。

人工智能将给你更多的信息。这样规模的信息资源是你当前无法取得的。人工智能将能够访问运用外语编写的数据和存储在某个被长期遗忘的远程服务器中的某个隐藏子文件中的数据。

随着时间的推移，你和同侪将变得越发依赖人工智能。你希望能一直借助它几乎没有极限的访问能力和信息处理能力，因为它能帮助你做出正确的决策。

即使有了这层依赖关系，人工智能也不会取代你。人工智能只是计算机上运行的代码而已。但你不是，你是一个活生生的人：有缺陷，会困惑，会失去理智，会有不安全感，会产生偏执和嫉妒心，等等。然而，你独特的缺点却是你无法复制的优点。你的缺点也是你爱上那个除你之外，对其他任何人都毫无意义的某个人的原因。

我们紧密地相互联结着：当你看到心爱的人时，你们的感觉是一样的；当你们四目相对时，你们感受到的情绪是一样的；在那一刻，你们的灵魂相互交织，无法分割。这种自发的体验使你成为人类，而那些强大的体验是推动人类进步的催化剂。

即使人们创造了人工智能，我们也无法赋予它典型的人类基本特征。人工智能令人难以置信的优势，包括它在事物记忆、访问信息和持续为你赋能方面，对人类的进步至关重要，但它不能也不会取代你成为人类。

未来的同侪团队必定包括人工智能，你几乎不必敲击键盘或者大声说话与之交流了。你需要做的只是动动脑子，人工智能会处理你的请求和思考。

未来的同侪团队将由人类和人工智能组成，但你不会将其统称为人工智能。它就在那里，无缝衔接，无形但存在。

历史和未来一样，空间场域中唯一的人将是你和同侪，因为我们是不可替代的。所以，不要抗拒已经在此成型的"同道创力"了。

托马斯·安格莱罗（Thomas Anglero）
IBM 北欧创新总监

作者序

《同道创力》一书表现了我们为比自身更重要的事物共同努力的意义。事实上,这本书近一半的内容是在 2020 年疫情大流行的隔离期间撰写和定稿的。"你的身边人很重要"这句话从来没有比现在更有意义,如果想回避不谈全球疫情和健康状况,那是不可能的。在这段时间里,我们发现保持社交距离如同拥抱一样,也是一种关爱行为,是一种默契:我们共同面对挑战。我们将尽一切努力来度过这场风暴(以及未来的其他任何挑战)。

在保持社交距离的同时,我们正在以深刻的方式彼此接触。我们尊重医疗工作者的勇气,他们此时正冒着极大的个人风险治疗新冠肺炎患者,帮助他们安全地重返家庭。当他们不能拯救某位病患时,我们同他们一起经历痛苦;当他们被感染时,我们为他们哭泣。我们惦念着老年人群,因为他们在这次肺炎流行期间成为高危人群,也越来越与社会隔绝。我们赞叹本地餐馆和其他小企业,并尽可能多地向他们提供支持。这些企业面临各自的困境时,仍然想方设法继续为自己的社区服务,无论是为需要帮助的人提供免费膳食,还是为抗疫前线的人生产口罩或是其他个人防护设备。

在享受家庭全新且充满活力的爱的同时在家办公,孩子们和宠物狗的尖叫会对我们的认知和情绪稳定造成影响。然而,当精神上需要休息放松时,我们会查看最喜欢的线上媒体资源,那里有着丰富的人类创意。在那里,我们会发现世界上其他地方的人在阳台上和邻居合唱,以开车祝贺的方式参加孩子的生日聚会，或者为他们闲着无聊的孩子和日益抓狂的父母创造障碍与挑战。我们与朋友、家人和同事一起共享线上的快乐时光，同时探索在这艰难时刻中工作与玩乐的新方法。

我们哀悼那些死去的人。当这一切都结束时（尽管这是一个新的现实状态），我们将有责任反思，吸取这次集体经验和教训，并记住真正重要的事情。让我们展望未来，善待遇到的每一个人，寻求学习而不是评判，专注于真正赋予我们生命意义的东西：人和人之间的联结。我们在一起，心中充满爱与善良，则万事皆有可能。

敬我的妻子黛安，还有我所拥有的最棒的家庭。

独行,我们是一滴水;同行,我们是一片海。

——芥川龙之介

目 录

导　言　心态的转变／1

第 1 章　"同道创力"的特征／14

第 2 章　正确的人／31

第 3 章　心理安全感／41

第 4 章　生产力／51

第 5 章　担责文化／62

第 6 章　领导力／74

第 7 章　共同挑战及应对方式／86

第 8 章　"同道创力"对团队的意义／100

后　记／112

导　言
心态的转变

任何个人都无法比所有人更聪明。①

——肯·布兰查德（Ken Blanchard）

我们观察到禁锢在程式化里的生活，部分原因可能是我们也如此长大。我们大多数人都是在家庭和社区里长大的，这样的环境造成了理解上的狭隘。学校为每个科目设置单独的课程，课程之间重叠的内容很少。以我为例：我出生于1959年，在20世纪60—70年代上过公立学校。我不清楚你们学校是如何授课的，但那时我在学习历史时，它是以将军、国王和王后、全球远征、战役和不断的权力更替的形式呈现的。我们可能从政治和军事的角度了解某个特定国家当时发生的事情，但对当时人民的生活方式、真实过程以及原因知之甚少。

根据每门学科的课程指南，分别参加英语、数学、科学、艺术、音乐的课程，看上去清晰有序，但这在许多方面剥夺了我们。想象一下，如果你的教育是无缝衔接的，那么你在研究一个特定的历史时期时，你的英语课应该涵盖当时流行的文学。在其他课堂上，一位教师正在用一幅艺术画反映当时一个国家是以什么样的方式生活的；而另一位教师让

---

① "A Quote by Kenneth H. Blanchard." Goodreads, accessed June 2, 2020, https://www.goodreads.com/quotes/56863-none-of-us-is-as-smart-as-all-of-us.

你听当时的音乐,并支持你开拓对那个时代更具理解的洞察力。这种强化性的教育方式不仅更引人入胜,而且更具教育意义,让人难以忘怀。

如果今天你在一家公司工作,你可能是某个部门的一部分:市场营销、财务、人力资源、销售、运营等。就像我之前提到我受教育的经历一样,我们在各自的部门(或禁锢)中待的时间越久,就越不太可能了解公司或行业的真实情况,也很难知道如何才能对其做出积极的贡献。

有限视角的持续影响

从童年开始,我们就被安排在视角受限的情境中,这一点已经颇具挑战性,而这个情况所造成的影响挥之不去,其研究的结果也是明确的。我常常想知道,为何两个人目睹同样的事件却对其抱有截然相反的观点。在研究生阶段,我最喜欢的经历之一是学习克里斯·阿吉里斯(Chris Argyris)的推理阶梯①。当你思考这个阶梯时,请看图1,仔细观察我们对事物概念的强化过程,为其加上意义,并提出假设,得出结论,接纳信念,进而塑造我们看世界的方式。

---

① Peter M. Senge, *The Fifth Discipline: The Art and Practice of the Learning Organization* (New York: Doubleday/Currency, 1990), p. 3.

导言 心态的转变

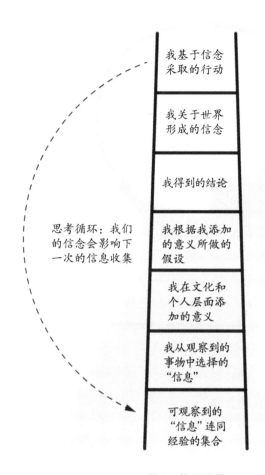

图1 推理阶梯

试想一下,你认识的某个人正试着走向晋升之路。举例来说,我将选一位政治家作为无党派运动的一部分,来解释这个概念是如何运作的,并且说明它的周期性。无论我选择巴拉克·奥巴马还是唐纳德·特朗普,他们都是优秀的公众人物,有些人喜欢他们,而另一些人则鄙视他们。当然,党派和政治观点发挥着作用,但还有更多的因素在施加影响。

让我们来看看两位选民(霍华德和克里斯汀)在奥巴马第一次竞选总统时是如何看待他的。

1. **我观察到的有效信息**

   年轻、沉稳、毕业于哈佛大学、非洲裔美国人、前宪法法律教授、优秀的演讲者、社区活动组织者等。假设该列表继续罗列下去,会与数百个其他信息点组成一个相当大范围的概念。

2. **我会选择的信息**

   不同的人会基于他们认为重要的概念而选择完全不同的信息集合(你会在更高的阶梯层级发现这个现象,并由此循环)。即使两个人选择了相同的信息点,他们仍可以得出截然不同的结论。对于这个练习,让我们选择"年轻、沉稳、毕业于哈佛大学"。

3. **我添加的意义**

   霍华德:缺乏经验,优柔寡断,傲慢。

   克里斯汀:精力充沛,体贴,聪明。

   (其他人会看相同的信息点并添加自己的意义)

4. **我做出的假设**

   霍华德:无论他在华盛顿做什么事情,都会因为缺乏经验而受到伤害;他的优柔寡断会被认为是个人的弱点。毫无疑问,没有比傲慢和缺乏经验更糟糕的人设组合了。

   克里斯汀:缺乏经验可能是他最大的优势;他深思熟虑的做法将使两大党派成员都感到自己被倾听和被接纳,他的智慧对美国在这个复杂的世界中保持领先地位至关重要。

5. **我得出的结论**

   霍华德:他会是个糟糕的总统。

   克里斯汀:他正是我们国家所需要的总统。

6. **我接受的信念**

   霍华德:一个毕业于哈佛大学的年轻人可能会成为一名伟大的教授,但他会成为一个碌碌无为的总统。

   克里斯汀:一个年轻的、思维缜密的、毕业于哈佛大学的人具备领导我们国家所必需的能量和品格。

7. 我的行动

霍华德：投票反对奥巴马（甚至为他对手的竞选出力）。

克里斯汀：投票给奥巴马（捐款，甚至成为竞选志愿者）。

在这里，关键点在于审视我们的信念，探索它们来自哪里，考虑它们在我们看待世界（选择的信息）方面所起的作用，理解其他人为何看待同一个人或情况却得出截然不同的结论。当两极分化的我们带有倾向性地观看与我们世界观一致的新闻节目时，这点可能特别具有挑战性。

这样的现象通常被称为"回声室"："人只接触到反映和加强自身信息或看法的环境。回声室可以制造错误的信息，扭曲个人的观点，因此他们难以考虑对立的观点和讨论复杂的话题。回声室部分源自认知偏见，倾向于接受并支持强化现有信念的信息。"①

以下是我写给美国有线新闻网 CNN 的一封公开信：

> 亲爱的有线新闻网 CNN：
>
> 最近几周，我有幸在国会山和部分辛勤工作的两党人士共处了一段时间。我也刚从洛杉矶的米尔肯研究所的全球会议回来，会上，来自世界各地的思想领袖讨论了美国所面临的困难和挑战。好消息是，许多聪明人都坚信，尽管我们国家面临的一些问题很困难，但至少是可以解决的。坏消息是，当前美国的政治环境变得如此恶劣，以至于那些深深关注这个国家的好人，即便在解决国家所面临的问题上确实存在智力差异，但每当他们尝试跨越党派界限或分享一个实际上可能有意义的想法时，都会冒着遭受个人和政治诽谤的风险。
>
> 诚实地解决问题的环境对我们而言已经难以为继。坦率地说，贵公司有线新闻网 CNN 只是让情况变得更糟（而其他新闻媒体也没有好到哪里去）。你们发布毫无意义的民意调查数据；给最粗暴无礼的人提供上镜机会；不为挑战人们的想法提供机会，而为人身攻击

---

① "Digital Media Literacy: What Is an Echo Chamber?" GCFGlobal. org, accessed April 26, 2020, https://edu.gcfglobal.org/en/digital-media-literacy/what-is-an-echo-chamber/1/.

提供平台。你们正在提供一顿全天候的、极其丰盛的"政治大餐"，这正是你们近年来"做大做强"的原因。毫无疑问，我们正感受到这些对国家健康所产生的影响。你们甘愿成为推波助澜的帮凶，乱划政治界限，使认真思考的人几乎无法为国家商定明智的解决方案。更糟糕的是，当我们需要最合适的人为国家服务时，你们会阻止他们进入公职领域。

  这就有点像温水煮青蛙了。把一只青蛙放入水中，逐渐把水温调高，青蛙最终会被活活热死。我建议，是时候降低热度了，否则这个国家将面临同样的命运。我知道这话不好听。我意识到，看福克斯新闻的人比看 C-SPAN 频道的人更多，我们国家正面临严重的问题，而你们实际上可以为对话做出积极的贡献。我们需要媒体致力于传递信息，而不是恐吓和激怒。我相信你们的观众和赞助商会感激这一点的。更重要的是，你们可以给领导人一个机会，让他们去做他们被选举出来应该做的严肃的工作。

  我要感谢在华盛顿辛勤工作的工作人员和官员，感谢我在米尔肯研究所全球会议上遇到的那些令人惊叹的人，感谢那里众多的小企业领袖为使我们的国家变得更好所做的一切。他们激励我写了这篇短文，文章本身可能毫无意义，但如果其他人赞同我的话，他们也许也会给你们写信。我希望他们会这样做，也希望你们能够关注这一问题。

  谢谢。①

令人难过的是，这封信是我于 2011 年 5 月写的。更不幸的是，局势到现在已经更加恶化。鉴于这种环境，以及我们大多数人都没有经常坐在一起反复审视各自信仰的习惯，这就逐渐形成了连续的循环：随着时

---

  ① Leo Bottary, "An Open Letter to Cable News," Vistage Research Center, Vistage Worldwide, May 5, 2011, https://www.vistage.com/research-center/business-leadership/strategiccommunications/an-open-letter-to-cable-n/.

间的推移，我们对新观点愈加地不开放。如果我们希望在未来实现共同繁荣，唯一的办法就是打破这个循环。我们可以扩展同事和朋友圈，彼此倾听和理解对方，要求媒体做得更好，期待领导人做得更多，并在达成一致的基础上再接再厉。

个人和团队的比较

当我向广大听众进行演讲时，开场我通常会和大家做一个简短的练习，这个练习能够很有力地说明个人努力与团体或团队合作之间的区别。首先我会邀请一位观众，暂且称她为"莎拉"，假装莎拉正在观看一场冠军争夺赛，其中有她最喜欢的运动队。然后我们数"一、二、三"，我请莎拉欢呼、鼓掌、呐喊，就像她正在目睹自己喜欢的球队即将夺冠的时刻。当然，在一大群人面前独自表演这些，会让大多数人感到有点难为情，莎拉却大大方方地表演着。但是，无论她多么努力，一个人的声音都很难填满整个会议厅。接着，我要求每个人都加入莎拉的练习。正如你想象的那样，在数到三的时候，大家的喊声差点把屋顶掀开，这时，没有一个人感到难为情。他们创造了不可思议的效果，而且比个人表演要轻松自然得多。为什么呢？因为这是大家一起努力实现的结果。如果我让他们再次挑战，他们就会发出更响亮、更欢快的助威呐喊声。由此可见，个人根本无法与团队相提并论。

我的亲历：从"我"到"我们"

2006年，我回到学校，在西顿大学攻读战略沟通和领导力的硕士学位（MASCL）。自1983年获得学士学位，已经有相当长的时间了。这么说吧，作为学生的体验和我记忆中已经有些不一样了。我很快发现，取得硕士学位并不是一场"单人竞赛"。在那里，我并不只是听教授讲课、阅读书籍和期刊文章、撰写论文和参加考试。我是团队的一分子，学习模式的核心就是和同学们一起合作。对于大部分学生时代是在20世纪60年代末到80年代初度过的我来说，这是一个完全陌生的概念。我经常开玩笑地说，在我上学的那会儿，合作学习也会被称为"作弊"。

此时此刻，来自全国各地的我们都曾是中高层管理者，都有着丰富的工作经验。我们带来了多年在各自领域和众多组织机构工作中获得的知识。教授觉察到了课堂上同学们的智力、能力，并教我们在学习分配下来的资料时如何借助这项资源。如果你问项目中的任何一位同学，他们都会告诉你：我们从彼此那里学到的内容和我们从教授及学习材料中学到的一样多。需要说明的是，教授非但不会把这视为侮辱，反而会对此感到高兴。这正是他们从我们定向实习时的初次见面直到最终毕业的整个过程中所力求实现的（直到今天，我们仍然享受这次学习之旅）。

我逐渐爱上了学习团队，直到现在，我仍把它看作我最棒的集体体验之一。说到这一点，其实我也并不总是最好的团队成员。从"我"到"我们"的历程，或者说从旧模式到新模式的旅程中，我充满了焦虑，尤其在我失之偏颇地评判他人的承诺、努力和观点时。甚至有时我会当众向同学发难，表现得很不恰当。但在同学和教授的帮助下，我已成为一位更好的团队成员。

当我刚开始进行MASCL学位的学习时，考到4.0分是一件无法想象的事情。如果没有我的学习小组相助，这有可能永远无法实现。而我的学习伙伴迪安·阿科斯塔也获得了4.0分。他在评估自己的表现时，也会如此认为。迪安和我从第一天开始就建立了某种联结，因为我俩都迟到了，还遭到了训斥。回顾整个项目，我认为尽一分力量去帮助他人挖掘潜力是经验中最有价值的部分。实际上，我们都不是一个人在奋斗。

我在西顿大学、东北大学和罗格斯大学共担任了12年以上的兼职教授，在此期间，我尽最大的努力支持学生践行这个模式。我希望他们看到其他同学的天赋（而不是评判他们的缺点），欣赏彼此不同的观点，富有效率地合作，取得任何个人都无法企及的成果。我现在最优秀的学生不仅个人表现出众，也会积极贡献力量，让周围的每个人都成为更好的自己。这个状态如此美妙,而且在企业界和学校里一样重要。

伟大的团体都做些什么

当利昂·夏皮罗和我一起为撰写《同道神力》一书进行研究时,我们设置了这样的前提,即探索正式的私董会小组如此高效的原因。我们认为,如果能破解并诠释私董会的密码,那将会激励更多的领导者加入属于他们各自的私董会小组。我们的研究包括查阅学术文献,从经营企业相关的私董会机构那里收集文件,采访私董会小组成员和负责人,与组建自己私董会小组的人士交流,并积极参加美国本土和世界各地的私董会会议,认真学习。

我们将高绩效的私董会小组定义为一个强大的"学习—成就循环"(图2)。

图2 学习—成就循环

"学习—成就循环"是"学习—分享—应用—实现—学习—分享—应用—实现"周而复始的强化循环。① 当我们一起学习时,我们学得更好。有趣的是,我的MASCL学习团队成员在这一点上完全支持我,这也是我们的学习团队绩效如此惊人的原因。如果你想要一些额外的数据,请思

---

① Leon Shapiro and Leo Bottary, *The Power of Peers: How the Company You Keep Drives Leadership, Growth & Success* (Boston: Bibliomotion, 2016).

考以下内容：当我们单独学习时，两天后我们通常会记住所读内容的28%；再次复习材料后，我们的记忆率将跃升到46%。然而，如果我们通过提问和分享体验的方式同他人互动，那么就能记住这些内容的69%。共同学习的行为创造了"记忆路径"，并把学习内容深深植入我们的脑海中。①

读书俱乐部就是这类学习很好的例子。如果把6个人聚集在一起，让他们读同一本书，并请他们花几小时讨论都读了些什么内容，那么每个人都能更深入地理解这些内容，而且这些内容也将在他们的记忆中保留更长的时间。然而，高绩效的私董会小组不仅仅是为了获取知识而学习。高绩效的私董会小组开展高效对话，推动组员在现实世界中尝试新思维。伟大的团队也一样。这就是最好的团队不断改进的模式。

你加入过的最棒的团队是哪个

在与Mastermind私董会小组合作的工作坊中，我向组员提出一个问题："你加入过的最棒的团队是哪个？为什么？"

同样是这个问题，我已经向北美和英国共150多个私董会小组提问过。我希望通过这个问题引起你的思考。从确定团队自身身份的角度思考，尽可能准确地列出使这个团队如此特殊的原因。

当被问及这个问题时，你可能会惊讶地发现，很多私董会成员的回答是他们的少年棒球联赛球队、Pop Warner橄榄球队或高中篮球队。大家想想看，这些成年人大多处于35～65岁之间。这让我联想到两点：①他们的球队经历尽管发生在很久以前，却对他们产生了巨大的影响，以至于到今天，他们还像昨天刚刚发生一样诗意盎然地讲述它。②不幸的是，他们不得不回忆少年棒球队的经历才能举出这样的例子。在此之后，他

---

① Josh Bersin, "The Power of Collaborative Learning: More Important Than Ever," May 20, 2019, https://joshbersin.com/2019/05/the-power-of-collaborative-learning-more-important-thanever/.

们不再拥有这样的团队，或者说没有这样一个值得认可的团队。更糟糕的是，许多企业领袖压根就想不起曾经经历过这样的团队。

也就是说，无论是他们的少年棒球队，还是他们今天所处的团队，都会呈现出同样的属性。他们对团队的描述如下：让人们致力于共同的目标，相互信任，以不同的方式做出贡献，同侪相互担责，并有出色的领导力和教练技术。无须赘述，你就可以发现我们在撰写《同道神力》时得出的高绩效私董会小组的特点和在回答我的问题时高绩效团队、CEO和企业高管之间的显著对比。

为什么采纳多个视角很重要

当使用视频会议工具ZOOM主持更多的网络研讨会和私董会会议时，我增加了一个新的练习，这个练习可以表明采纳多个视角所带来的优势。在练习中，我会展示一张装饰精美的大房间的照片，并请参会者花点时间去观察它。然后我会屏蔽屏幕上的照片，请参会者告诉我这个房间里有什么。可以肯定的是，没人能记住房间里的所有细节。因为人类的眼睛倾向于被不同的对象或特征吸引（他们会在沿着推理阶梯层层上推时选择信息点），所以需要几个人来描述出完整的照片。他们的反应包括谈论他们所看到的，并通过描述房间无数可实现的功能赋予这些观察以意义，这些都是基于其个人偏见的。

在此，我故意使用"偏见"一词，但并不带有贬义。偏见存在于现实生活中。人人都有偏见。接纳这个事实，同时接受新想法是我们的学习方式。想象一下，如果我们有一部超宽的推理阶梯，它能带来哪些益处？搭建这样一部阶梯，大家一起爬上去，不仅能让你的私董会小组或企业团队更清晰地了解他们的观察，还能让他们更全面地了解这一切的意义。

关键术语

总之，我们在同一条船上，彼此有着巨大的影响，所以我们有无穷的能力为彼此赋能。你将发现以下术语是本书内容的核心。

私董会小组帮助成员实现他们各自的目标。本书所涵盖的私董会小组是 CEO 或企业高管小组。在文本中，你将发现同侪小组、私董会小组和 Mastermind 小组这类名称是交替使用的。

团队为实现共同的目标或创造同一产品而共同努力，可能是一个企业团队致力于开发一种创新产品，或者是一个体育团队努力争取赢得冠军。

同侪影响力指的是理解周围人在塑造行为时所能产生的影响力。它是我们生活中的强大力量，从我们有记忆开始，就已经经历很久了。

同侪优势是指我们更有选择性地、战略性地和结构性地选择自己身边的同道中人，同侪优势帮助我们借助同道之力。这是高绩效组织和团队的内在驱动力。

系统思维包括随着时间的推移分析行为模式，并深入发掘这些行为模式的深层驱动机制。通过理解和改变那些无法很好地服务于我们的深层结构（包括我们的心理模型和推理阶梯），我们可以扩展可选项，并为层出不穷的挑战创造出更有效的解决方案。[1]

当一群有着共同目标和价值观，且经过遴选的人聚在一起，共同努力，为彼此赋能，创造出比自身更重要的事物时，"同道创力"就实现了。简单地说，同侪优势 + 系统思维 = 同道创力。

---

[1] Michael Goodman, "Systems Thinking: What, Why, When, Where, and How?" The Systems Thinker, August 16, 2016, https://thesystemsthinker.com/systems-thinking-what-why-when where-and-how/.

导言 心态的转变

我们为什么要关心"同道创力"

从定义上讲,我们在成长过程中分析问题的视角是受限的,这是由我们的推理阶梯长期形成的,并且被我们的生活环境强化,这样看来似乎值得我们尽可能地去积极扩展视角,帮助我们做出更好的决策。如果你相信数字是有力量的,一个伟大的团体或团队能够实现任何个人都无法单独实现的事情,而迎接未来的挑战则需要在组织中实现全新高度的卓越特质,那么《同道创力》是一本值得一读的书。同侪影响、同侪优势和"同道创力"已经成为我们生活中的重要力量,我们要充分利用它。

这本书是如何组织的

第 1 章概述了系统思维、同道创力、高绩效群体的 5 个共同因素及其对团队的意义,以及这些因素自《同道神力》一书首次介绍至今发生了哪些变化。这 5 个因素组成了一个框架而不是一个解决方案,可以根据你的价值观、优先级和目标应用于你的某个特定团队。第 2—6 章分别深入探讨了这 5 个因素。无论你是在线上还是在某个地点,都应该了解其含义并考虑如何应用这些因素。这些章节提供的故事和数据基于超过 150 位 CEO 和企业高管的私董会和跨职能工作团队的现场互动和实战测试。虽然我提供了现实的案例,但由于这些会议具有保密性,所以书中没有指明私董会小组的具体位置,以及所涉及的个人或任何影响保密原则的细节。第 7 章更详细地介绍了工作坊,包括工作坊的总体调查结果和最常见的挑战,以及五大因素的行动步骤。第 8 章讨论了这些新发现对团队的意义。在结尾处,我们还分享了一个开放讨论,目的是激励你采用五大因素框架来支持你的最佳团队成员,并帮助他们成为能够实现"同道创力"和可持续增长的团队。

加入从"我"到"我们"的旅程吧!思考一下这五大因素如何为你服务,探索如何把"同道创力"带到你的团队和生活中。我们的力量从你开始。

第 1 章
"同道创力"的特征

独自一人，我们能做的那么少；团结一致，我们能做的那么多。①

——海伦·凯勒

人类当前在全球生物界中的地位不是偶然事件，这是人类独特的社会属性和团队精神的必然结果。

——谢秋阳（北京甜甜圈一家文化科技有限公司创始人兼 CEO）

我最喜欢的电影是由汤姆·汉克斯主演的《阿波罗 13 号》。汉克斯扮演宇航员吉姆·洛维尔，埃德·哈里斯扮演 NASA（美国航空航天总署）的飞行主管吉恩·克兰兹。我特别喜欢这部电影的开头，洛维尔一家举行了一场盛大的家庭聚会。在所有人离开后，洛维尔和他的妻子看着眼前令人难以置信的混乱景象，开玩笑地说要不要卖掉房子，这样就不用打扫了。这似乎是一个更好的选择，眨眨眼就能让混乱消失，这是很多人在生活中经历过的一种感觉。当然，这肯定不是我喜欢这部电影的真正原因，也不是我在这里引用它的原因，这只是一个改编自真实事件的故事，而整个故事完美地诠释了"同道创力"。

你是否还记得阿波罗 13 号即将进行美国第三次载人登月的场

---

① "A Quote by Helen Keller." Goodreads, accessed June 2, 2020, https://www.goodreads.com/quotes/9411-alone-we-can-do-so-little-together-we-can-do.

景?——不管你相信与否,当时这项任务已被认为是例行公事,这也是电视台不愿再像以前那样提供现场报道的原因之一。在任务开始两天后,阿波罗 13 号离地球大约 20.5 万英里(1 英里≈1.6 千米)时,宇航员听到了一声巨响,紧接着是电力供应的波动和姿态控制推进器的自动启动。就在此时,洛维尔说出了一句著名的话:"休斯敦,我们有麻烦了。"①

警报和警示灯显示多个系统出现故障。最令人不安的还不是在仪表板上,而是洛维尔透过控制舱的窗口发现氧气正从航天器的尾部泄漏。此时,所有人都清楚地意识到,拯救舱内三名宇航员的生命远比登月任务更为重要。

在爆炸使整个控制舱瘫痪后,三名宇航员转移到登月舱(LM)准备返回地球。然而,登月舱并不是为了支持三名宇航员设计的,因为当时的计划是只有两名宇航员会用它降落到月球表面。而现在可能的结果是,二氧化碳浓度升高会危及宇航员的生命。登月舱的二氧化碳清洗器同控制舱的二氧化碳清洗器形状和大小都不一样,不可能调换。控制舱的二氧化碳清洗器是方形的,而登月舱是圆形的。简而言之,宇航员的生死取决于如何把两个截然不同的部件组合起来。

美国宇航局休斯敦总部的工程师们只能使用飞船上现有的设备来解决这个问题。埃德·斯迈利(Ed Smylie)是宇航员系统部门的负责人,他把自己的团队召集起来,想出了一个主意,就是用太空服上的软管将控制舱的二氧化碳清洗器同登月舱的圆柱形二氧化碳清洗器连接起来(图 3)。②

然而,设计解决二氧化碳浓度升高的方案还仅仅只是挑战的一部分。更为复杂的是,当时休斯敦的登月任务控制中心还无法向阿波罗 13 号宇航员发送照片,只能口述整个方案。请想象一下用电话教别人如何系鞋带的场景,然后在这个场景的基础上增加好几层复杂性和紧迫性。最终的结果大家都知道了,解决方案是成功的,尽管这只是 NASA 团队克服的

---

① *Apollo 13 Quotes*, Movie Quotes.com, accessed April 26, 2020, https://www.moviequotes.com/s-movie/apollo-13/.

② "Apollo 13 Mission Report"(Houston, September, 1970).

众多障碍之一，宇航员最终安全地回家了。

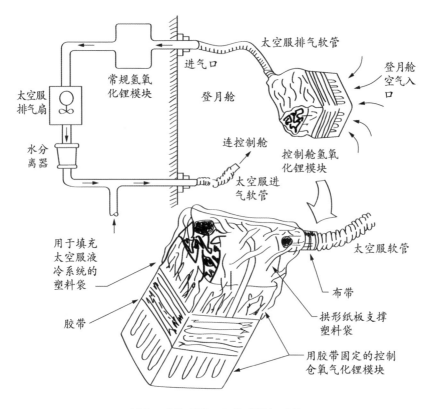

图3 改造后的二氧化碳排气系统

点点连接

史蒂夫·乔布斯在2005年斯坦福大学毕业典礼上的讲话中谈到了点点连接的概念，即我们并不总能理解今天所学以及经历的事件未来将如何连接起来。只有回首往事时，我们才能把这些点联系起来。①

记得第一次观看1995年拍摄的关于阿波罗13号的专题片时，我完全

---

① Stanford University,"Text of Steve Jobs' Commencement Address（2005），"Stanford News，June 12，2017，https://news.stanford.edu/2005/06/14/jobs-061505/.

被震惊了。不知道为什么，这个故事一直萦绕在我心头。电影上映后不久，我偶遇阿波罗 13 号的飞行主管吉恩·克兰兹本人（顺便说一下，他认为埃德·哈里斯在电影里演他演得很棒①）。这再次加深了我的最初印象，使之历经岁月后更加难以磨灭。

在此之后，我有过在西顿大学学习的经历、在 Mullen 广告公司的短暂经历（我在后面的章节会分享）、于 2010 年 5 月接受伟事达全球职位的经历。现在回想起来，它们之间有着很强的联结性。如果大家还不熟悉伟事达，那就允许我来介绍一下，这是一家覆盖全球 20 多个国家，针对 CEO 和企业领袖的私董会机构。

伟事达私董会小组通常由 12～16 位来自相互无竞争、分处不同行业的会员组成。他们每个月举行一次保密会议，分享作为各自组织的领导人所面临的挑战。伟事达私董会的组员致力于帮助彼此学习和成长，总而言之，这些私董会小组是非常高效的。我刚开始在伟事达工作时，曾有人和我说，整个伟事达的概念是很难理解的。但就我个人而言，在参加了西顿大学的学习小组后，我一点也不觉得难以理解。西顿大学帮助我做好准备，并使我更快地理解伟事达，而我却从来没有意识到这一点。

尽管私董会小组的效率令人难以置信，但我发现只有一小部分企业领袖通过参加私董会来提高自己的层级。我受此启发，进而思考这些小组发挥作用的原因。我相信，这可以为 CEO 提供另一个可选项，即同时配合阅读书籍、聘请教练和参加知名大学的总裁发展项目。这是想为这个机会带来更多的关注度——不仅是为了让伟事达受益，也为其他这类机构组织的领导人赋能（包括 YPO、EO、TAB、Renaissance 等）。这也激发我们撰写了《同道神力》一书。

在对这本书的研究中，我们确定了两个核心概念：

（1）导言中提到的"学习—成就循环"是我们在高绩效私董会小组中发现的清晰的、动态的循环。我后来也发现，这同样适用于高绩效团

---

① Gene Kranz, *personal communication*, April 1996. p. 152.

队,这是驱动高绩效和持续进步的引擎。

(2) 如果"学习—成就循环"是引擎,那么五大因素就是燃料。"学习—成就循环"并不仅仅是将一群人扔进一个房间,然后希望得到最好的结果。五大因素都必须发挥作用,这些因素最初是作为五个支柱被提出来的,后来又作为一个强化循环体系得到了澄清。在此,我们分享这个循环(图4),这是在四年时间内的工作坊中领会到的所有相互依存的关系。①

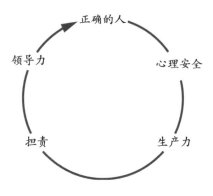

图4 五大因素

这五大因素创造了以下框架:①首先是让合适的人聚在一起,他们拥有共同的、清晰的目标;②这些人必须形成心理上的安全感;③致力于团队的高绩效表现;④对团队成员有个人责任感和担责意识;⑤由一名仆人式的领导带领,负责监督其他四大因素。这本书将一一解锁这些因素,并告诉大家同侪优势是如何驱动"同道创力"的。

思绪把我拉回到总部位于波士顿的 Mullen 广告公司(即现在的睿狮集团)时代。我曾在那里待了不到一年的时间,离开的原因可能是我工作得过于辛苦,接受了太多的广告代理项目。虽然是这样,但我仍然非常尊重他们所取得的成就和所采用的工作方式。公司雇用具有天赋的专业人士,他们天天互相挑战,力求创造世界上最好的广告。他们在困难

---

① Leo Bottary, *What Anyone Can Do: How Surrounding Yourself with the Right People Will Drive Change, Opportunity, and Personal Growth* (New York: Routledge, 2019).

的截止时间面前,迎接复杂的挑战,就像NASA团队在阿波罗13号任务中,在同样紧迫的条件下表现出对卓越的追求。这些团队都具备高绩效组织能力,这就提出一个问题:你为什么不想成为尽可能达到最高绩效团队中的一员呢?

答案是希望成为其中一员,只是不知道这样的团队是什么样的,以及如何才能成为其中的积极贡献者。事实证明,要成为高绩效团队的成员绝不能仅作壁上观。

一个高绩效的团队从"我"开始。

系统思维和"同道创力"的特质

系统无处不在。我们倾向于在封闭模式中思考(这是我们被"教导"的结果),但实际上我们生活在系统中。人体就是一个复杂的系统,近几年,关于肠道健康如何影响大脑健康的话题非常多。这个概念对我们大多数人来说没有很直观的联系,但就我而言,它引发我思考那些我们没有考虑过的关联问题,以及帮助我们更好地理解自己的身体。

世界是另一个复杂的系统。我们目睹了将狼重新引入黄石国家公园产生的影响:这一行为引发了生态系统的无数变化,并最终改变了该地区河流的走向。① 在美国和世界各地,为应对新冠肺炎而实施的居家保护令已经对经济、环境和人类自身产生深远的连锁反应,而且大多数人都认同这些影响发展得极其迅速。

公司也是一个复杂的系统。某个特定部门的某项政策变化可能无意中对组织的其他部门造成长期损害。有时人们可以立即发现,而有时这些不利影响会延迟许久以至于很难追根溯源,你必须下定决心去调查。与你一起调查的人越多,就越有可能避免它造成的整体伤害。这就是能够有效合作,从大局出发并兼具系统思维的团队如此重要的原因。

---

① "How Wolves Change Rivers," Sustainable Human, February 13, 2014, accessed May 8, 2020, https://www.youtube.com/watch?v=ysa5OBhXz-Q.

阿尔伯特·爱因斯坦曾经说过："我们不能用造成问题的思维来解决问题。"① 系统思维是研究相互关系和变化模式的框架，而不是研究对象或现实事件。这个概念是通过彼得·圣吉1990年的著作《第五项修炼：学习型组织的艺术和实践》得到普及的。自第二次世界大战结束以来，系统思维一直在迅速发展。从硬系统思维开始，作为明确定义问题的现实绩效与目标之间存在的差距，这套体系最终演变为软系统思维。其中，世界本身被定义为存在问题和边界模糊，因此需要更高层次的研究才能理解某个问题，进而演变成一个重要的理念：通过建立过去经验所形成的模型来应对未来的状况。② 20世纪70年代的模型为80年代和90年代系统思维原型的开发和利用奠定了基础。③ 人们通过这些思维原型识别分析发生的常见事件和状态，并通过思维框架分析和规划目标。④ 如果把系统思维的要素（强化和平衡循环）比喻成名词和动词，那么系统原型（模型）就是句子和故事。⑤

常见的系统原型大约有10种，它们被用来厘清问题和勾勒出组织与社会存在的形态。为了解释目的性，本书包含的系统原型是我当年在伟事达全球任职时所采用的两个模型："增长的极限"和"公共资源的悲剧"。

1. 增长的极限

"增长的极限"于1972年由唐妮拉·米德斯（Donella Meadows）、丹尼斯·米德斯（Dennis Meadows）、约尔根·兰德斯（Jorgen Randers）和威

---

① Editor, *Business News Daily*, "Business Advice from Albert Einstein: Business Tips," Businessnewsdaily.com, April 19, 2012, https://www.businessnewsdaily.com/2381-albert einstein-business-tips.html.

② Peter Checkland, "Systems Theory and Management Thinking," Critical Issues in Systems Theory and Practice (1995), pp. 1–14, https://doi.org/10.1007/978-1-4757-9883-8_1.

③ "Briefing Paper One: Systems Thinking," Systems Thinking, accessed April 26, 2020, http://www.reallylearning.com/Free_Resources/Systems_Thinking/systems_thinking.html.

④ William Braun, "The System Archetypes" (February 27, 2002).

⑤ Peter M. Senge, *The Fifth Discipline: The Art & Practice of the Learning Organization* (New York: Doubleday, 2006).

廉·柏仁思（William Behrens）提出。① 这个模型的含义是，所有增强型循环或活动都会由于限制因素在某一时点上达到平衡。某种受欢迎的产品由于销售得非常好，以至于销售量超过其生产能力，进而造成库存补货延迟，最终又反过来导致其销售放缓。一家专业的服务公司位于一个小城市，它承诺只聘请当地最好的顾问，但如果该公司继续发展，当地的人才资源可能就会枯竭，迫使该公司招聘二线人才或在外部市场寻求机会。

图 5 所示的限制条件（产能或本地人才库）推动平衡循环（销售速度或聘请本地人才）的作用缓慢，进而影响增强循环的势头。为了解决这个问题，圣吉在 2006 年出版的《第五项修炼：学习型组织的艺术和实践》中提出解决限制条件的建议，而不是在增强循环中耗费精力。虽然推动增强循环短期内可能会产生效果，但由于限制因素仍然存在，最终将揭示"圣吉的第四大法则"，即"行为在恶化之前会变得更好"②。

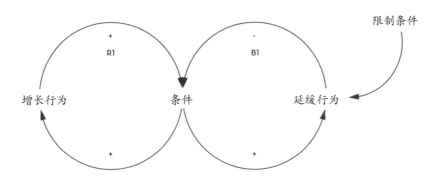

图 5　"增长的极限"模型

2．公共资源的悲剧

1968 年 12 月，生态学家加勒特·哈丁（Garrett Hardin）提出了"公共资源的悲剧"模型（图 6）。哈丁将此悲剧描述为滥用全人类共享的有限资源，而不去考虑全人类的福祉。这种滥用行为可能会削弱甚至破坏

---

①　William Braun，"The System Archetypes".
②　Peter M. Senge，*The Fifth Discipline：The Art & Practice of the Learning Organization*（New York：Doubleday，2006）.

共同的生存资源，无论是食物、水、能源，还是土地。① 它对组织的意义表现为每个人都在该组织内使用单一的有限资源，但每个人都认为这是他们的个人资源，而不考虑整个组织对它的需求。当这种资源供不应求时，就会出现错误、延迟，并侵蚀信任，使人丧失信心。

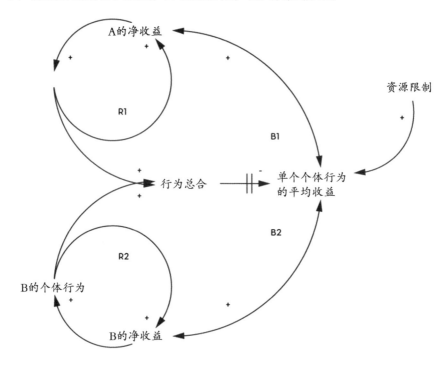

图6 "公共资源的悲剧"模型

某种公共资源往往具有局限性，无论是可使用的人数，还是为该资源提供资金的预算。请问你们是否有在市场营销部门或IT部门被服务请求压得喘不过气来的工作经历？因为市场营销和IT对用得上的个人而言是如此的宝贵，他们被动地、频繁地使用这两项资源，而不去考虑宏观因素（其他所有人都对这两项资源有需求），导致满足需求的能力逐渐吃紧。要解决公共资源的问题，就需要把所有人聚到一起，让他们了解情

---

① Garrett Hardin, "The Tragedy of the Commons," *Science*, New Series 162, 3859 (1968), pp. 1243–1248.

况,并制定减轻负担的战略和行动时间表。①

让系统思维发挥作用

在我任职于伟事达全球期间（2010—2016 年），我们运用系统思维模型来厘清加速营收增长和成功规划实施此项战略的途径。以下例子介绍了如何运用"增长的极限"模型（图 7）分析某个特定的问题，列出了解锁组织真正潜力的主要策略。然而，执行这个策略将对市场营销部门产生重大的影响。这时，"公共资源的悲剧"模型就会介入并发出预警，让大家理解压力的表现形式，以及如何最佳地应对这些压力。

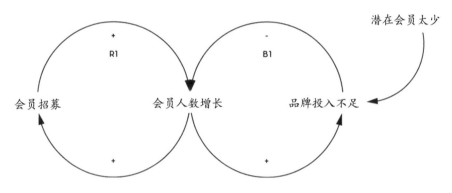

图 7 "增长的极限"模型（针对新入籍的私董会会员）

"增长的极限"模型提供了推动实现可扩展、可持续和可预测增长的长期解决方案的模型。领导层解决了限制条件（缺乏品牌认知和品牌投资），而不是加倍努力地招募新会员。这个战略包括"品牌重塑"计划，在目标受众中打造更强的品牌认同和更清晰的价值主张，进而激励更多的 CEO 和企业领袖加入伟事达私董会。

---

① Donella H. Meadows, *Thinking in Systems*: *A Primer*, Edited by Diana Wright (White River Junction, VT: Chelsea Green Publishing, 2015).

采用"公共资源的悲剧"模型制定规划

当时伟事达机构大约有 20 位客户经理负责指导业务中的各种活动，每人都需要市场营销部来为他们提供线上线下"品牌重塑"计划所需的材料。这些客户经理都受 SMART 属性（具体的、可衡量的、可实现的、目标导向的、有时效性的）的奖金激励制度的制约。这种情况导致他们认为自己的项目在任何时候都是公司里最重要的项目，而无须考虑公司其他方面的需求。当每年来自不同部门的若干次市场营销活动同时进行时，市场营销部门至少要经受两次压力考验，而"公共资源的悲剧"模型就说明了这个问题。

请留意图 8 所示，资源限制不仅与足够的人力有关，还和预算有关。当时，伟事达会在一年中最忙的时候聘请独立的外部承包商来协助市场

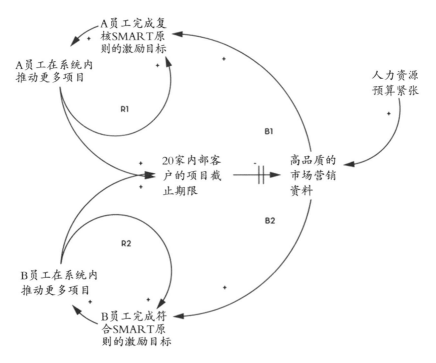

图 8 "公共资源的悲剧"模型（针对市场营销部）

营销团队。但是，在年底之前增加工作人员或雇用更多的外部承包商来为每个部门提供"品牌重塑"计划所需的资料其实并不可行。过去，团队只是承受了漫长的加班时间和最后期限的压力，接受这些只是工作的一部分，只想着这一切都会结束。这是以往无法解决这个悲剧的最大原因之一。

解决问题

我们首先同市场营销团队分享了"公共资源的悲剧"模型，然后同总监、创意经理和项目调度负责人进行了交流。在一次小组讨论中，每个人都被问及一系列问题，探讨这些问题的团队即便意识到即将到来的"风暴"比他们所经历过的任何事情都要严重，也仍然会像以往那样扛过必然面对的"风暴"。项目调度负责人担心错过最后期限，将不得不面对愤怒的客户经理，因为他们可能觉得其优先级的安排对他们不公平。创意经理对要在完成如此大量工作的同时保证质量深感忧虑，他说："我们向每个人推出新品牌时，怎么可能想得到所有影响整个项目质量的细节呢？"总监则指出，如果客户经理觉得自己的项目无法及时完成，就会去寻求自己的资源来完成工作任务，最终必然会牺牲质量。

现在怎么办？办法在哪里？

要管理公司这部分共享资源，需要对所有参与者进行教育，并将私董会模式中的平等担责以及自我约束原则作为出于调节个人和集体利益资源的管理办法。① 首先不可或缺的是提高某位团队成员对其他同事的工

---

① Peter M. Senge, *The Fifth Discipline*: *The Art and Practice of the Learning Organization* (New York: Doubleday/Currency, 1990), p. 3.

作的理解。① 考虑到这一点，小组提出以下解决办法：

（1）创造双赢的环境。

（2）提醒客户经理，他们是20个人的团队，而非唯我独大。

（3）为客户经理探索和研究更为精简的市场营销流程。

（4）为所有客户经理提供清晰透明的在线季度日历，支持他们更完整地理解公共资源的未来状态。

（5）在线上和办公室里设置创意展示空间，展示所有客户经理合作开发的创意作品，激励每个人根据全新的品牌定义努力创作优秀作品。

（6）安排月度会议审议所有进行中的项目，并在会议后90天内进行核查，明确项目要求和最后期限的预期水平，客户经理有权进行反馈。

（7）召开项目启动会议，要求所有客户经理明确界定挑战，提出初步解决方案的设想，并分享反馈和想法，进而共同制订计划。这个计划既应满足个人的需求，又应满足组织对品牌的要求。

（8）为了保持会议氛围积极乐观，与会成员将此项目命名为"公共资源的成功"，并附上"避免悲剧的战略"标签，希望能激励每个人致力于为整个集体带来积极的结果。

更巧的是，新上任的CEO制订的奖金修订方案更多地基于组织绩效，而不是实现基于SMART原则的个人目标，这也为促进更协作的工作环境提供了舞台。现在，让公司的每位员工成功对所有员工而言更为重要。

这就是"同道创力"的最好例证。"同道创力"并不是线性概念，这一点不足为奇，而且它有自己的系统（图9）。当人们认识到他们需要彼此才能成功并努力合作时，"同道创力"就会发挥它的魔法。当这些人拓宽分析视野，进而认知系统整体，再而分享更佳工作方式的想法时，这些想法往往是可持续的。

---

① Y. Morieux, "Smart Rules: Six Ways to Get People to Solve Problems without You," Harvard Business Review (2011).

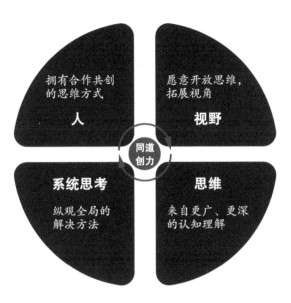

图9 "同道创力"的行动体系

该系统模型不仅帮助人们判断、分析问题并发现潜在问题,还为预测即将发生的状况,探索如何及时发挥杠杆作用以有效实施的系统提供框架。

"同道创力"的迭代过程

人们通常可能会认为,一个由 CEO 组成的团队在由主管或经理组成的团队面前显得异常强大。是这样吗?确实,它很强大。它是无法战胜的吗?却不尽然。你熟悉棉花糖挑战①吗?它作为一项很受欢迎的团队建设练习,已经有一定的历史。这个挑战的形式是这样的:四人小组在 18 分钟内用 20 根意大利面、一码长度的绳子、一码长度的胶带、一条测量胶带和一朵棉花糖,看哪支队伍能搭建出最高的结构。其关键点是:棉

---

① Lee N. Katz, "Lessons from the Marshmallow Challenge," The Turnaround Authority, June 27, 2014, https://theturnaroundauthority.com/2014/06/27/lessons-from-the-marshmallowchallenge/.

花糖必须放置在结构的顶部。这与美国宇航局团队在执行阿波罗 13 号任务时面临的挑战并无二致，至少从时间角度来看，他们都只有用有限的材料来实现目标。

在棉花糖挑战中，哪类团队的表现往往优于其他团队呢？CEO 的表现优于刚毕业的商学院学生，但幼儿园孩子的表现优于 CEO。CEO 和商学院学生往往非常重视计划，在实际搭建结构时却时间紧迫。当他们把棉花糖放在结构顶端时，如果塔倒了，他们就没有机会将其恢复了。而幼儿园的孩子则不会用任何先入为主的想法来完成这项任务，因为先入为主的想法往往会使他们误入歧途。他们不关心计划，也无所谓由谁来负责，他们采取了反复试错的方法。就平均结果来看，只有建筑师和工程师的团队能战胜幼儿园的孩子。（考虑到这项挑战需要具备结构方面的基本知识，请各位尽管放宽心）

团队中有哪些人是很重要的，但这并不是最重要的。这无关乎智力或个人天赋，而在于团队成员如何团结合作。愿意合作的人、向团队成员学习的人、分享自己所学知识的人，以及致力于共同迎接挑战的人，都是好的团队成员。

"同道创力"的起源

2012 年 8 月，我写了一篇题为《同道创力》的文章，回顾了我曾经读到的关于创新的定义，即"实现创造力"[1]。我认为这与西蒙·斯涅克（Simon Sinek）在他的一次线上研讨会上提出的观点完美契合。此外，还说明了为什么私董会小组具有独特的激励创新能力。

首先，新想法更有可能来自你的行业外部，而不是行业内部。你应当离开同行聚集的酒吧，因为那里人人都在说着同样的行话，你应该去

---

[1] Leo Bottary, J. Bottary, "Peernovation," Vistage Research Center, Vistage Worldwide, August 26, 2012, https://www.vistage.com/research-center/business-leadership/business innovation/peernovation/.153.

看看其他地方发生了什么，并考虑如何将新想法应用到工作中去。行业多样化的团体和私董会小组应当有从不同行业获取信息和见解的有效渠道。

其次，三人小组最能实现创新。我认为典型的私董会小组或企业团队是"三位一体"的，包括一名领导者或引导人、私董会小组、组员个人。他们一起创造魔法。

将目标正确且清晰的人会聚在一起，借助"三位一体"法则，勇敢无畏地创新和实践，你就实现了"同道创力"。

本章小结

阿波罗 13 号的故事让我们联想到生死攸关的利害关系、时间压力、有限资源，以及相距 20.5 万英里，在没有图像信号传输条件下同宇航员交流解决方案的挑战。在这种情况下，你的团队该怎么办？如果他们参加了棉花糖挑战，他们会表现得更像幼儿园的孩子还是商学院的学生呢？

推动大多数高绩效私董会小组和企业团队发展的"学习—实现循环"并不是偶然的现象。要实现这个循环，应具备以下条件：①正确的人致力于共同的目标；②有一种心理上的安全感，提倡信息透明，可以提出有力的问题并承担风险；③推动生产力的系统和流程；④相信自己的潜能，并依靠团队成员来发挥；⑤支持团队并随时留意其他四大因素状态的领导人。

当你拥有了愿意尽一切努力从根本上应对挑战和机遇的勇气时，请重新以系统思维审视自己（以及帮助我们解决问题的模型），这是很有价值的实践。

考虑开创一家高效灵活的企业，帮助洛维尔一家清理聚会后的房屋。毫无疑问，你可以拯救无数人，让他们免于卖掉自己的房子，他们会感激你的。

下章简介

首先你要将生活中的点滴联系起来,深入发掘团队思考的方式并思考如何成为一个更好的团队领导者/成员。如果更好的"我们"从更好的"你"开始,你会做些什么?第 2 章将研究团队中有合适的人的意义,并提供更多的细节,来帮助你回答这个问题。

第 2 章
正确的人

团队的力量就是每个成员，每个成员的力量就是团队。①

——菲尔·杰克逊（前 NBA 著名教练）

很多时候，在企业管理实践中，我们常常说"对事不对人"；然而，在实际工作中，团队提升的真正痛点却又在"人"而非"事"。

——黄玲（香港白洞设计有限公司创始人兼 CEO）

在导言中，我向你们提出了一个问题，我在工作坊中也向 CEO 和企业高管发问过："你加入过的最棒的团队是哪个？为什么？"我分享了部分答复，并建议你们也考虑一下如何作答。如果要求我来回答这个问题，我就不必去追忆少年棒球联赛球队了。在我的职业生涯中，我有幸成为诸多令人惊艳的团队的一分子。在此，我准备穿越到 30 年前的那个团队。这个团队因其成员、当时选择的方式方法、微乎其微的成功率以及最终取得的成果而显得非常特殊，即我在 Wooding & Hausley 公司（一家总部设在罗得岛州普罗维登斯的广告公司）时的 GTECH 营销团队。

当时的故事是这样的，GTECH 公司（IGT 集团前身，几乎垄断了彩票行业）正在重新选聘广告公司。这家公司设在罗得岛，他们计划请 6

---

① "A Quote by Phil Jackson," Goodreads, accessed June 2, 2020, https://www.goodreads.com/quotes/527132-the-strength-of-the-team-is-each-individualmember-the.

家本地的广告公司召开通气会，并找到我们公司的负责人，建议我们也参加会议并主动参与竞争。结果得到的回复是一句坚定的"不行"，理由是我们不认识GTECH公司里的任何人，对它的业务一无所知，所以不应该参加开销昂贵且几乎没有机会获胜的广告公司选聘会。还有一点没提到，那就是我们的客户主要是工业企业。

我们很难反驳这个理由，于是失望地走进一家本地的酒吧。这里的"我们"包括客户主管吉姆·麦金恩（Jim McGinn）、艺术总监布莱恩·墨菲（Brian Murphy）、文案负责人托德·戴蒙德（Todd Diamond），以及负责公共关系的本人。三杯啤酒下肚后，我们还是放不下参与GTECH公司业务的期望，决定第二天早上继续找公司负责人谈。

第二天，我们达成统一战线，问公司负责人："如果我们能挤进选聘会，可以利用业余时间为公司做推介吗？"

他们幸灾乐祸地回答："当然可以，你们自便吧。"

现在，我已记不起是谁搞定了参加选聘会的席位，但我们既然参加了，就必须全力争胜。当时我们真的很想赢得这笔业务，并竭尽全力地避免如果最终落选将要听到的那句无法避免的"名言"："我就告诉过你们不行吧。"但问题是公司负责人是对的，因为他们提到的原因和其他更多的因素，让我们在这场选聘会中处于绝对的下风。考虑到这些情况，我们必须行动起来。

第一，我们一致同意必须在通气会上完成更多的任务，而不仅仅是大家见面认识一下；第二，因为我们不认识对方公司里的任何人，所以第一印象至关重要；第三，我们意识到对这家公司的业务一无所知，因而要求营销小组的4名成员努力挖掘并找到关于对方公司的任何资料。时间很紧迫，只剩下不到两周的时间。

此时此刻，这个故事所在的时代特征就愈发明显了。与现在的网络信息时代不同的是，当时我们无法在几小时内通过上网发现海量的公司信息、竞争对手和行业数据。我们必须确认其相关的行业协会，找到该行业的期刊出版物，并搜寻媒体资料，这些资料还必须邮寄给我们。我记得当时正值周末，会议室的桌子上铺满了这些资料，总共 500 页左右。我们每个人都承诺必须在星期一上午之前阅读完所有资料，因为我们与 GTECH 团队约定的会议计划即将在三天后举行。

到了星期一早上，每个人都如约完成了各自的家庭作业。我们认为，如果在会议上只由一位成员带头去谈，可能还没办法拿下生意，团队中的每个人都必须展示各自对全局的理解。但具体要怎么做呢？首先，我们计划向客户展示我们为会议所准备的全部资料。我们想，如果他们知道我们之前做了多少工作，就会把我们和其他公司区别对待。最后，我们一致同意，相比我们所做的工作，向对方明示我们尚不知道的领域更为重要，这也许看上去是违反常理的。以下是我们决定实施的会议策略。

星期四上午，我们主持了 90 分钟的会议（最后一轮通气会）。GTECH 团队简短地参观了我们公司后，再次被邀请到会议室集合。会议室的墙上贴满了我们的创意作品，室外的桌上放满了各类奖项，会议桌上有一大罐水，会议桌的每个位置上都有水杯、杯垫、黄色便签和铅笔。我们把之前所有的研究资料都塞进了隔壁办公室的抽屉里，会议期间完全没有提及它们。

每个人做了自我介绍并分享了各自预测的公司未来的最大挑战之后，我们开始提问。所提的问题不是在研究材料中可以找到的，而是完全不同层次的、充分了解各方信息的问题。尽管它们作为问题是为了寻求答案，但这些问题的设计是基于对 GTECH 的业务、竞争对手、新产品等的高度理解。整整一个小时，我们团队的每位成员都参与了讨论交流。这时，对方的市场营销总监把铅笔重重地拍在会议桌上，喊道："你们怎么会这么了解我们的生意？"

如果你熟悉棒球运动中"曲线球"这个术语，此时此刻，这位市场营销总监就向我们投出了"曲线球"。虽然我不记得是谁挺身而出完成了"本垒打"，但那绝对是非常时刻。在我看来，这就像电影《好人寥寥》(*A Few Good Men*) 里的那一幕，当时杰瑟普上校（杰克·尼科尔森饰）听到卡菲中尉（汤姆·克鲁斯饰）询问他是否发布了红色警报，他脱口而出："对！就是我发的！"①

会议结束后不久，他们问我们能否一边用餐一边继续交谈。我们请他们去了 Capriccio，这是一家意大利北方风味的餐厅，从公司走路过去很近。如果想达成生意，这家餐厅是不二之选。午餐后没多久，我们就接到了一个电话，原本希望听到的消息是可以进入下一轮的选聘，但出人意料的是，他们说选聘已经结束，而我们最终获胜，赢得了 GTECH 的业务！

团队成员所应拥有的特质

这个故事告诉了你什么？其他任意的四个人能取得同样的结果吗？让我们来看看这个团队及其成员的部分共同特性：

（1）我们很享受和彼此在一起。个人的友谊和相互尊重是非常重要的。它是我们心理安全感以及任何时候都能与对方保持直接沟通的基础。我们很喜欢一起共事，这就是为什么在公司负责人否决了争取 GTECH 公司的广告业务后，我们会边喝啤酒边研究如何再去找负责人谈。如果当时没有去酒吧，也就不会有之后的整个营销项目。

（2）我们知道的不多。或者可以这样说，我们有健康的自尊心，如果下定决心，就会表现得像水慢慢渗透那样：总会找到办法的。我很肯定的是，当时我们的坚定决心是由这两方面的积极结合驱动的。面对公司负责人完全合乎逻辑的理由，并被要求不要去想 GTECH 的业务时，我们仍然不顾一切地争取这家客户。

（3）我们拥有共同的领导力。当然，这并不是说我们团队没有一个领导人，而是我们信任团队成员各自的具体能力，彼此之间很清楚在某一特定时刻谁应挺身而出发挥作用。当整个局面逐渐明朗时，所有人都鼓足干劲，有点像幼儿园的孩子。

---

① *A Few Good Men*, IMDb. com, accessed April 26, 2020, https://www.imdb.com/title/tt0104257/characters/nm0000197.

（4）我们明白自己的优势取决于团队成员的表现。我们追求共同的目标，拒绝被否定，每个人把各自的最佳状态带到整个挑战的方方面面。比方说，没有人逃避之前承诺过的必须阅读那500多页资料的任务。这是因为我们都在同一条船上。

（5）我们在一起可以学习得更好。阅读完那一大堆资料后，我们分享学到的东西，于是神奇的事情发生了。由于每个人都是通过各自的心理模型阅读内容，所以我们交流得越多，就越能从事实中探索知识，从信息中找到办法。

（6）我们愿意冒险。看上去举行一场没有正式演示和黄色记录本的客户会议可能没有那么大的风险，然而，当时的我们不太清楚其他广告公司是否已经让客户形成了对会议的预期。当然，我们也学到了关于如何提出正确的有价值的问题等知识。

（7）我们是幸运的。我们也很有可能会搞砸这个项目。当然，如果你把运气定义为机会和准备工作的交汇点，那我们确实创造了机会，而且我们在准备工作中也做到了面面俱到。在我们心中，即使最终的结果是我们没有被选中，但我们已经尽力而为，所以无论结果如何，我们都会欣然接受。

（8）我们有才华横溢且致力于成为好队友的人。这可能是所有人最根本的特点。如果你把当时我们团队的每个人与其他广告公司投入的人力和资源对比，就会发现：一个赌徒永远不会浪费自己的钱押注给我们。然而作为一个团队，我们坚信可以完成任何事。

至于天赋，我们当时都处在事业起步期，所以在事情的发展过程中，我们并不知道自己是否有天赋。吉姆·麦金恩在分析和提供卓越客户服务方面绝对是大师。后来，他陆续在几家世界知名广告公司度过了令人难以置信的职业生涯。布莱恩·墨菲最终离开了 Wooding & Hausley 公司，受聘于 Hill Holiday 设计公司并担任领导职务，他为世界上最大的组织和教育机构设计 LOGO，并创立品牌平台。文案负责人托德·戴蒙德曾经让琳达·布莱尔（美国著名影星）在她的宣传照片上签名，并写下那句经典的"托德，你让我神魂颠倒"。他是一位天才作家，今天也拥有了自己的公司。我的公关业务也不错，从经营自己的公司到为世界上最大的跨国机构工作。

团队就像雪花一样，没有两个团队是一模一样的，所以在团队中有合适的人参与工作很重要。虽然你需要有足够技能和职业道德的人，但他们也必须理解，团队比任何个人都更强大、更有能力。简而言之，根据我对私董会小组和企业团队的研究，正确的团队成员应该拥有以下三类特质：

1. 共同的目标

在组织和团队中，成员对他们为什么会在那里，以及他们期望为自己和团队取得什么成就都应努力保持高度一致。对于 CEO 私董会小组而言，小组里的 CEO 成员希望和其他 CEO 成员（在各自组织中拥有同等责任地位的人）交流互动，相互支持做出更好的决策，成长为更好的领导者，并最大限度地提高组织绩效；对于一支运动队而言，这可能意味着尽一切努力赢得全国冠军；而对于一家广告公司而言，它可能正创作世界上最好的广告作品。

2. 共同的价值观和行为方式

虽然共同的目标是关键因素，但并非每个人对成为一名伟大的队友，或表现出与他们所信奉的价值观一致的行为有相同的感觉。这与文化相关，我们越深入"同道创力"中，就越能理解它发展成框架体系，而非高绩效组织和团队良方的原因。我怎么可能告诉你，最适合你的理想组织和团队应该是什么样子的？你是否思考过，为什么团队中的某个人在这个工作环境下如此成功，而在其他环境下就非常失败？这就是原因。

3. 多样性和包容性

前两个部分谈到了我们应秉承的共同点，而多样性和包容性则强调了差异的重要性及其原因。多样性和包容性能帮助我们拓宽视野，并通过各种可能的方式思考种族、性别、宗教信仰、性别认同、年龄、工作经历、教育、家乡等。如果我们选择以年龄为指标，看看当今的劳动力组成，刚刚踏入职场的 Z 世代年轻人，以及放弃传统退休年龄，甚至 70 多岁（甚至 80 多岁）还在工作的前辈，我们正进入一个五代人共处的时代。虽然每代人都有共同点，但他们看待世界的方式却是由完全不同的事件和经历塑造而成的。我们越愿意学习而不是评判，就越能发掘出更多的视角。我们越包容和尊重，团队就会变得越高效。

将这些想法结合到我的"同道创力"工作坊中

请你想象一下企业领袖为参加私董会所投入的金钱和时间，我觉得必须帮助参与私董会的企业家在每次会议上（包括两次会议之间）获取最大的价值。我和私董会共事越多，就越发现这对跨职能团队（以及其他任何团队）的重要性。

我的团队工作坊会议为期半天，其中包括一个简短的介绍，介绍大家个人生活和工作中同侪的影响，以及如何帮助我们重新思考组织中的沟通方式。我会谈到同侪优势、"学习—实现循环"、"同道创力"及其五大因素。

对私董会小组而言，组员将界定和塑造其他四大因素（心理安全感、生产力、担责文化和领导力）的形式。如果一个私董会小组对这四大因素有清晰的轮廓勾画，同时明确理解这四大因素如何推进成功，那么在制定遴选新组员的标准时，就可以更加具体。工作坊中有一个环节，我们会询问私董会小组组员，在座的人是否都具有之前描述的属性——共同的目标、共同的价值观和行为方式，以及多样性和包容性。

对于团队而言，这个框架在确定团队中人员是否合适以及他们应该表现出来的价值观和行为方面具有很大的灵活性。这样的设计是为了突出团队的优先事项。明确的优先事项设置可以帮助领导者决定团队什么时候增加哪位成员，同时指导当前的团队成员明确各自和其他成员当前和未来的期望目标。

在这个环节提出以下问题会很有帮助：在我们的组织（或团队）中，

成功的人和不成功的人有什么区别？在此我要介绍一下背景，看看你能否与这段经历产生共鸣，因为我在职业生涯中雇用过许多人。

我曾看到过一份令人难以置信的简历，然后邀请求职者面谈。会谈进行得很顺利，我们也雇用了他，结果三个月后，我们发现他犯了一个致命的错误。当我在私董会上与CEO分享这个场景时，他们都点头啧啧感叹，说自己也曾有过类似的经历。我们都知道，这并不意味着雇用的人很糟，只是他不适合罢了。

所以问问你的团队成员，他们认为在所处的团队中应该做哪些事情。这一点很有启发性，因为能否正确地回答这个问题意味着团队是渐进式增长还是指数级增长（甚至是成功还是失败），所以"招聘放缓些，解雇要迅速"的口头禅揭示了某种智慧。在第7章中，我会介绍招聘合适的人对你而言是常见的挑战，并提供解决这些挑战的方法。

理解同侪影响的重要性

同侪影响的普遍性是不可否认的。关于这个主题有无数的研究，但你无须找一堆报告来告知自己的生活已经反复教给你的常识。自有记忆以来，周围的人已经影响你很久。你的父母很关心你在成长过程中选择谁做朋友，因为他们非常清楚周围的人如何拖累你，如何让你止步不前，或如何提升你。他们很清楚，如"我们都在同一条船上""伟大的思想都是一样的""同类相聚"等名言都是具有真正的意义的。

成年后，我们同样影响他人。我们依靠同辈、同事和家庭成员来探求意义。无论是想买一本书还是一辆车，我们会忽略制造商和专业评论所说的内容，而向身边的人了解他们的经验和观点。更有趣的是，我们上网时，会将大众的普遍情绪作为决策过程中的重要论据，尽管我们可能不认识提出观点的那个人。在工作中，我们也会借鉴同道的意见。根据 2019 年的爱德曼信任指数①，当我们想知道公司正在发生的事情并想了解它对员工的意义时，相比 CEO、高管团队或董事会，我们更信任同事。我们的同道很重要，而且非常重要。

由于同侪的影响力如此强大且无处不在，所以我们应该学会将其发挥到极致。从同侪影响到同侪优势的道路是单纯却又不容易的。单纯是因为这些都可以有意为之。如果你能更有选择性地、更具战略性地、更有条理地同身边的人互动，慢慢地你就会体验到同侪优势的力量。

"同道创力"结合了"同道"（像我这样的人）和"创新"（实现创造力）这两个词。正如前章所说，"同道创力"就是一群人拥有共同的价值观，分享不同的视角和技能，并将想法变成现实。同侪优势也就此开花结果。

正如肯·布兰查德所说，"任何个人都无法比所有人更聪明"，我们中也没人比所有人的集合更具创造力。② 我有幸在无数的场合领导和参与众多团队，并向客户交付杰出的产品。这些团队中的任何一员（当然也包括我）都会欣然承认，任何个人无论如何都不可能拿出同样高水平的产品。把一群有不同技能和经验的有才之士聚在一起，他们又恰好对实现高绩效意志坚定，那么请注意，这样的团队能将伟大的公司变成卓越的公司。

仅仅借助同侪优势，运用同侪影响来实现"同道创力"不是偶然发生的。我们所有人都应认识到，一个组织的潜力不在于它自上而下的组织结构，因为组织的潜力水平流动，赋予了垂直的组织结构以力量和稳定性。这是一种大自然的力量，挑战着我们为所有人设定的更高、更卓越的标准。

---

① "2019 Edelman Trust Barometer," Edelman, accessed April 27, 2020, https://www.edelman.com/research/2019-edelman-trust-barometer.

② "Kenneth H. Blanchard Quotes（Author of The One Minute Manager）," Goodreads, accessed April 27, 2020, https://www.goodreads.com/author/quotes/4112157.Kenneth_H_Blanchard.

本章小结

一切都始于对自己的角色有明确期望的合适人选,他们明确地知道自己怎样可以带来价值。GTECH 项目营销团队的案例清楚说明了可能实现的结果。当团队成员抱持同一个目标,欣赏共同的价值观和行为,贡献多种技能和不同视角,看到更广大的全景时,他们是很难被击败的。

请思考一下,当研究其他四大因素的水平时,"正确的人"这个因素是如何发挥核心作用的。再思考一下,你希望每个因素达成什么样的效绩。这不仅能帮助你找到正确的人,而且随着时间的推移,它会把心理安全感、生产力、担责文化和领导力这些因素提升到新的高度。

下章简介

"棉花糖挑战"让我们对心理安全感所带来的益处略窥一二。因为孩子会尝试任何事情,并且在犯错误时无所畏惧,所以他们在这项比赛中的表现优于成年人,整个反复迭代的过程和激励环境也值得我们注意。创造心理安全感还有其他益处,在第 3 章中,我们将深入发掘并探讨如何实现它。

第 3 章
心理安全感

团队合作始于建立信任,唯一的办法就是克服我们刚愎自用的欲望。①

——帕特里克·兰西奥尼(世界著名组织健康专家)

人对周遭的环境是有先天第六感的,心理安全感就像实验环境一样,给人以踏实、稳定且可预期的舒适感。

——虞堂笙(汉华数字资本有限公司联合创始人)

4年前,当我刚开始启动为期6场的工作坊时,我向CEO私董会小组成员提出了这样一个问题:如果用1~10分来评定,他们小组的保密原则能遵守到什么程度?这就是我当时为私董会小组设计的心理安全问题。我想让他们分别从各自坦诚相待的意愿度以及对小组保密原则的信任度这两方面来思考这个问题。他们相信,小组会讨论的事情绝对不能外传这个要点是让私董会组员感到更舒适、更愿自然分享的条件之一。

刚开始,关于这个问题,我收到的评分通常在9.5~10分之间,组员对保密原则表达了令人难以置信的高度信心。尽管如此,随着工作坊

---

① "A Quote from The Five Dysfunctions of a Team," Goodreads, accessed June 2, 2020, https://www.goodreads.com/quotes/218850-remember-teamwork-begins-by-building-trust-and-the-only-way.

的进行和对话的继续，我渐渐发现谈话的坦诚度与组员的评价并不匹配。我终于明白这样简单的问题并不能解决问题，至少还要在此基础上再追问一个问题。

现在，我会问这样两个问题：如果评分为 1～10 分，你如何评价小组会保密原则的遵守情况？如果评分为 1～10 分，你如何评价自己在小组会上利用保密环境的能力？第一个问题的答案仍然在 9～10 分之间，而第二个问题的答案则下降到平均 6.5 分。在问第二个问题时，我向他们描绘了以下场景：想象自己正在一家美丽的水疗中心，看着水蒸气袅袅地从一个华丽的泳池水面上慢慢地升起。他们知道如果此时沉浸到泳池里，那么这将是他们近年来最放松、最治愈的一次经历。然而有的人却没有沉浸在泳池中，而是坐在附近的躺椅上阅读杂志，或者仅仅在泳池边用脚试试水。他们知道小组会议的保密原则，或许浸入泳池能够令人放松是一回事，而愿意完全拥抱这些优势又是另一回事。

对于 CEO 私董会来说，考虑到这里是保密安全的场所，能与其他 CEO 交流可能是他们加入私董会最重要的原因。对于他们中的大多数人来说，这是他们唯一可以不必隐藏自己、不必假面示人，从而真实袒露的地方。在这里，他们可以同其他 CEO 一起，分享各自面对的不确定性因素和令其恐惧忧虑的事物。这就是他们互相支持成长的方式。

小组拥有合适的人选是非常重要的，他们营造和利用保密环境的能力可以解锁自身更高的能力。但这并不意味着他们必须做到完美，只要他们愿意提高能力，各展所长，便可以更有效地利用小组会的保密环境。我们作为同侪往往会影响彼此的行为，个人进步越多，就越有可能取得更好的成果，这样所有人都能因此而获益。

私董会小组和企业团队之间的区别

如导言所述，私董会召开小组会帮助成员实现其目标。团队一起努力，可以实现共同目标或共同创造工作成果。因此，私董会小组和企业团队的心理安全感往往有不同的着重点。

心理安全感往往包括三个方面：①成员愿意在小组中公开自己的工作和生活中发生的事情，以及可能影响其实现既定目标能力的事情；②保密原则是神圣不可侵犯的，除非得到成员的同意和允许，否则会议期间讨论的任何事情都不能外传；③允许成员相互支持，并在相互尊重的前提下相互挑战，这种挑战是基于积极的意图，而受到挑战的成员是唯一的获益方。

在团队中，心理安全感倾向于关注团队文化能否引导人们提出问题、表达想法，或承担风险，而不会让自己和大家感到尴尬，甚至受到领导和其他成员的责难和惩罚。他们是勇于表达，还是保持沉默？他们的目标是为了赢，还是保持不输？

私董会的故事

2017年初，我为中西部的一个CEO私董会小组举行了一场工作坊。这个小组已经存在近20年。你可以想象，当我把工作坊呈现给那些有多年合作经验的人时，心里有多么不安。他们支持彼此的企业在积极的经济形势中茁壮成长，并在充满挑战的年代里生存下来。他们非常了解对方，相信自己对一个有能力的私董会小组有着很好的理解。那么在我的工作坊里，他们还能解决哪些尚未解决的问题呢？

强调一下，我的工作坊的附加价值是向成员提供所有必要的资料，支持他们在各自的组织里领导类似的讨论。对他们而言，我更多地把这个工作坊定位为团体参与，让所有参加者可以亲身实践、亲手尝试，这样他们就能更好地对他们的团队成员产生同理心。这个工作坊还是一种自我评估的手段。我的职责不在于告诉他们私董会小组的规范应该是什么，而是通过分享框架体系来引导他们对小组规范的内容进行微调。好消息是（我在过去的4年中一直注意到了这一点），私董会小组越强大，他们对彼此的期望越高，他们希望得到的价值也越高。他们倾向于设定自己小组的卓越标准，这令人印象深刻。

然而会议期间发生了一件出乎我意料的事情。正是这个私董会小组促使我不仅询问小组成员是否遵守保密原则，而且想了解小组成员利用安全环境的能力。当时，在开场介绍和深入讨论"正确的人"这个话题之后，会议整体进入安全和保密状态。他们对这个小组是否拥有开放的环境，保密原则是否神圣不可侵犯的状态进行打分，按 1～10 分进行评价时，得到的回答是干脆响亮的"10 分"。然后，我们就这个话题持续讨论了一段时间，我对他们如何实现这一目标，同时发现有哪些特征很感兴趣。

在谈话过程中，一位成员说："你知道吧，大部分时间我都同意每个人的看法，但面对现实吧，房间里其实有一头大象，更确切地说，大象不在房间里。"

事情是这样的：大约 6 个月前，这个私董会小组一位受人尊敬的老成员（我就叫他"约翰"吧）单方面决定跳过小组会议上午部分的议程，上午一般有专家演讲人的分享环节。这是因为在这个私董会小组待了 10 多年后，约翰觉得他已经听到了所有能听到的演讲。尽管他仍然从每次小组会下午的议程，也就是小组成员之间的深度对话中获得巨大的价值，但他仍然选择只参加下午而不参加上午的议程。约翰具有很大的影响力，因此其他成员也开始效仿，这就解释了为什么我当天的工作坊只有 9 名成员而不是 16 名成员（伟事达私董会小组满额为 16 名成员）参加。

正如你可能想象的那样，这个问题在我们最初关于"正确的人"的谈话时就开始浮现出来。这引发了更深入的对话，因为参加上午演讲会的成员开始对那些缺席的成员表达不满。没有人喜欢这样的状态，但是他们不知道该怎么办。约翰参加了下午的小组讨论，作为一位能贡献高价值的会员，如果直接向他提出这个问题会让他犹豫不决。有些人的观点是，让他参加一半的议程，比根本不参加要好。他们担心，如果直接与他对质，他可能会离开小组，所以这场谈话一直被搁置下来。随着工作坊的深入，我们进一步讨论了生产力、担责文化和领导力。这个小组

(至少少数成员代表)明确了决心,表示能够直接面对问题并解决他们对约翰的担忧。

大约一周后,一些成员找到了约翰,分享了他们的担忧。结果,约翰感觉自己给别人树立了坏形象,并为自己认为的上午的议程可有可无的错误想法感到非常自责。自那以后,约翰不仅高兴地重新参加全天的会议,而且鼓励以前效仿他的成员一同与会。

这是积极的结果,因为这一切最终可能会让事件达到爆发点,还可能破坏这个小组的良好氛围,造成小组无法长期延续下去的后果。而小组成员更重视价值观,敢于直接处理这个问题。他们抛弃了错误的假设,选择相信每个人最终都会服从集体,而不会为了某一成员行事。正是本着这种精神,他们找到了约翰;也正是本着这种精神,约翰回应了他们。与拥有共同价值观的人进行真诚对话,就能赢得最终的胜利。

真诚对话的价值

健康且深入的对话不仅能激发参与者的心理安全感和信任感,还能为他们做出更好的决策创造环境。相反,如果没有心理安全感,那么要进行这种对话几乎是不可能的。在学术研究中,对话是分析情感冷漠和矛盾心理的区别的最好例证。[①] 乍一看,我们可能认为这是语义与实质的论证,没有差异。但是,如果你愿意深入思考一下,就会发现这两者其实大有不同。例如,员工调查问卷中的中立回答,可能既表明其漠不关心,也可能是其存在矛盾心理。如果没有辨别两者的能力,研究人员就无法判断员工是满不在乎(冷漠),还是因内心关切而纠结(矛盾心理)。

为了说明这一点,让我们假设一家公司计划将其办公室搬到 30 英里外的新址。员工可能会为搬进新办公室感到兴奋,但也会担心通勤时间

---

① Kalman J. Kaplan, "On the Ambivalence-Indifference Problem in Attitude Theory and Measurement: A Suggested Modification of the Semantic Differential Technique," *Psychological Bulletin* 77, no. 5 (1972), pp. 361–372. https://doi.org/10.1037/h0032590.

变长。如果一家公司宣布裁员，保住工作的员工可能会心存感激，但也可能会因为失去部分同事而感到沮丧，并可能对公司领导层感到愤怒，尤其在管理层没有人离职或减薪的情况下。当沉默被视为冷漠的时候，我们无法知晓发生了什么。除非我们搁置自己的假设，创造安全的环境，让员工能够畅所欲言，并给予足够（循环且反复）的询问、关注。

我本人对心理冷漠和心理矛盾的话题很着迷，原因是这个话题的影响范围很广，而且与私董会小组和企业团队的心理安全感以及决策能力紧密相关。推进矛盾心理方面的研究所具有的重大优势之一，就是它与人类在任何环境中的所有关系都相关。这方面的研究表明，当多个学科有助于更广泛地理解另一学科时，就会产生间接的学习体验。[1] 实际上，矛盾心理可以更好地促进个人决策，因为通过它可以发现并且更容易理解相互对立的想法。[2]

以下是几个针对私董会小组、团队及其领导者的问题：在工作场所的每个阶层，你如何进行诚实的对话？对话会涉及什么内容？在此，克雷格·韦伯（Craig Weber）关于对话能力的研究可以为我们提供额外的指导。参与对话过程中，意愿和能力、真诚度和好奇心达到平衡，就是他所说的"最佳击球点"。[3]

如果人们不敢说出自己的想法，可能会导致其真诚度降低，即便进行对话也会变得过于拘谨和谨慎。当好奇心很低时（认为只有自己的观点才是重要的），人们往往直抒己见，而忽略倾听他人的意见，或尝试理解超越自身推理阶梯的事物。在这种情况下，谈话参与者就会变得更加

---

[1] John Dewey, *Experience and Education: The 60th Anniversary Edition* (West Lafayette, IN: Kappa Delta Pi, 1998).

[2] Margaret E. Brooks, Scott Highhouse, Steven S. Russell, David C. Mohr, "Familiarity, Ambivalence, and Firm Reputation: Is Corporate Fame a Double-Edged Sword?" *Journal of Applied Psychology* 88, no. 5 (2003), pp. 904–914. https://doi.org/10.1037/0021-9010.88.5.904.

[3] Craig Weber, *Conversational Capacity: The Secret to Building Successful Teams That Perform When the Pressure Is On* (New York: McGraw-Hill Education, 2013).

傲慢和善辩。当真诚度和好奇心都很低时，往往就处于冷漠的状态。然而你终究永远不会知道一个人是漠不关心，还是仅仅因为缺乏坦诚而害怕说出会引起冲突的情绪或想法。培养个人和团队的对话能力，创造心理安全感（图10），如果谈不上意义相同，至少也是相互依存的。

图10　两者相互激励

以下提供了部分可以支持促进高水平的对话能力，并建立信任感和心理安全感的参数。

1. 关于信任的几点分享

心理安全感的核心是信任，"包括人们最崇高的希望和愿望，以及他们最深切的忧虑和恐惧"[①]。一方面，我们相信飞行员会保护我们的安全，医生会让我们变得健康，路上其他的司机也会遵守交通规则：这些都是我们不认识的人，我们对他们的能力知之甚少。我们查阅 Yelp、Amazon 和消费者报告上的评论，它们来自那些对流行餐厅、历史小说或豪华汽车有着共同兴趣的人。尽管我们不认识这些人，但当我们决定购买时，仍然会把他们的评论视为重要的信息。就像这些年爱德曼信任指数所显示的，我们对机构的信任度越低，对人与人之间的期待就会越高。我们越不相信社交媒体，就会越关注那些身边最亲近的人：家人、朋友和同事。

然而，在一个团队中，成员之间的信任往往受到导言中推理阶梯所

---

① Peg Streep，"The Trouble with Trust，" Psychology Today（March 25，2014），https：//www.psychologytoday.com/us/blog/tech-support/201403/the-trouble-trust.

描述的相同心理模型和假设的引导。成员之间的信任可以埋藏得很深，难以识别和表达。但我们可以这样说，有些人能做到更自然、更舒服地打开自己，相比之下，其他人可能更倾向于隐藏自己的想法和感受。在这种动态模式下，开放对一个人的意义可能同另一个人完全不同。假如没有通用的开放和信任标准，你如何知道你是否做到了开放和信任呢？开放和信任标准是什么样的？让我们继续深入讨论。

2. **心理安全感的实现**

在私董会小组或企业团队中，成员对心理安全感的价值可能会表示欣赏，但认识并理解保持心理安全感所需要的条件更具挑战性。由于每个人信任他人并敞开自己的心扉、展现自己的能力的方式可能完全不同，所以这一点就更为正确了。这就是为什么我们把这一点作为需要提升和培养的方面，而不是首先需要实现的固定目标。

心理安全感实现的条件如下：

（1）相互尊重：在工作场所内外，以专业人士和普通人的身份，相互尊重，认同彼此具有的共同挑战和愿望，这是相互尊重的核心。如果没有尊重，就不会有信任。

（2）相互熟悉：显而易见，团队成员之间越了解，他们越能轻松地分享和提问。在每月的例会或常规工作中，他们所希望达到的熟悉程度很难实现。这就需要团队成员通过喝咖啡、泡吧、打保龄球、玩迷你高尔夫球或是在团体旅游的环境中实现更深入的了解。在这样的场合下，人们会更深入、更频繁地进行小规模的对话。这些团队共同的经历可以使其建立起信任感和更牢固的纽带。

（3）聆听而不评判：当人们更倾向于提出好问题并倾听理解，而不是根据自己固有的思维模式做出假设和结论时，就形成了安全的环境。提出旨在增强理解的问题，可以更好地激发心理安全感。这并不意味着你必须同意对方的观点，而是要做到允许自己更开放地从不同的视角来思考问题。

（4）鼓励分享行为：团队成员选择示弱，或提出其他人不愿意提的问题，或分享其他多数人视为隐私的个人感觉时，就为其他人提供了有力的例证。如果有人愿意示弱或分享自己的想法，不仅不会受到惩罚，还会对整个私董会小组产生帮助。分享想法和提出令人不适的问题是勇敢且慷慨的行为。勇敢是因为成员愿意暴露自己的弱点，慷慨是因为这可以为小组成员带来价值。想想那个敢于指出"大象不在房间里"的成员，他使得这个私董会小组最终从整个事件的过程中获得更大的价值。

（5）鼓励倾听行为：请大家回忆一下水疗中心游泳池的画面。浸入池中的人是分享者，水池本身则代表正在倾听的人。他们越专注和投入，整个场域环境就越诱人。聆听者造就了安全的环境。当谈到场域安全时，完全投入的聆听者与一直看手机或盯着窗外的人有着天壤之别。

（6）分享经验而非建议：除非成员有明确的要求，我们要抵挡诱惑而不去告诉别人他们应该或不应该做什么。相反，我们应该分享自己的经验，帮助他人得出结论。这样，成员在整个环境中会更安全地共享经验，并思考自己的行动。他们这样做，才更有可能采取行动并坚持执行。

（7）尊重和信任：帮助某人往往需要刚柔并济。在会议上公开挑战某人可能是一件很棘手的事情。要做到这一点，小组或团队必须事先将这种行为视作可接受的行为规范，规范绝不能以牺牲他人的利益为代价，而只是作为帮助个人或集体的途径。对于那些认为挑战是必要的人来说，挑战的方式必须是直接且尊重对方的。对于被挑战的成员而言，尽管挑战可能会随时发生在当下，但请深呼吸，并提醒自己要相信正向的目标。

3. 保持心理安全感

假设你领导一个私董会小组或企业团队，并处在安全保密的环境中，上文已经描述了心理安全感实现的条件，而要保持这种心理安全感，需要持续地加以关注。作为领导者（或任何成员），哪天你说"我们都知道了，不用再说了"，那就意味着安全感开始消退了。如果你没有定期给植物浇水，那么植物就会枯萎。同样，如果没有不断的培养，心理安全感也会消退。环境条件发生变化，人也会跟着改变。每当老会员离开私董会小组，新人加入时，安全保密的环境也会受到影响。你问我是怎么知

道的，如果你去问小组成员，他们也会告诉你。

本章小结

问题的症结不仅在于环境是否安全保密，还在于人们是否充分利用了这样的环境。私董会小组和企业团队的安全保密环境虽存在不同之处，但它们都是至关重要的。在私董会小组中，成员是否愿意对各自企业和生活中所发生的事情敞开心扉，可能会影响他们实现自己既定目标的能力。其中还包括信任（这是保密且神圣不可侵犯的），以及约定俗成的规矩，即除非成员同意，会议期间讨论的任何事情都不得外传。这也是鼓励成员相互支持和恭敬地发起挑战，同时挑战的目的是从被挑战成员的最终利益出发，以正向的目标进行的。

在团队中，安全保密的环境表现为团队运作的氛围和场域是否鼓励人们提出问题，表达想法，或承担风险，而不会让自己和大家感到尴尬，甚至受到领导和其他成员的责难和惩罚。

只要想象一下在工作环境中进行诚实的交谈有多困难，就能理解对话能力与心理安全感之间关系的巨大价值。

心理安全感实现所需的条件包括：相互尊重、相互熟悉、聆听而不评判、鼓励分享行为、鼓励倾听行为、分享经验而非建议、尊重和信任。保持心理安全感的关键在于坚持不懈地予以关注。

下章简介

现在，你拥有了互相信任的队友，拥有了充满心理安全感的场域，那怎样才能最大限度地提高生产力呢？达到这个状态，对私董会小组而言是怎样的情形？对团队来说又意味着什么？请看第4章。

第 4 章
生产力

企业的伟大成就从来就不是由个人完成的,而是由团队完成的。[1]

——史蒂夫·乔布斯

在智慧产出的领域,孔子与苏格拉底是学习上最好的引领者(facilitator)。同侪创力,正如中庸的博学,是构筑在向外对话(审问与明辨)与向内倾听(慎思)的结果,而在思而后行(笃行)中,验证智慧的有效性。

——张聿超(两岸企业总裁教练)

生产力在于你的成就,也在于你如何实现成就。看看今天大多数的公司,他们设定了宏大的目标,建立了明确的结果指标,但往往不能仔细衡量实现这些目标的能力。我们如此专注于目标,以至于几乎没有足够的注意力来完成这些目标。因此,当团队没有达到其宏大目标时,很难确定是因为策略错误还是因为执行得不好。在这种情况下,它有多少是与团队没有充分发挥其潜力有关呢?在由此产生的不确定性面前,我们只能依靠猜测来解决问题。

---

[1] "A Quote by Steve Jobs," Goodreads, accessed June 2, 2020, https://www.goodreads.com/quotes/8863669-great-things-in-business-are-never-done-by-one person.

康涅狄格大学女子篮球队

如果你读过我前两本书中的任何一本，你就会知道我对教练热诺·奥里埃玛和康涅狄格大学女子篮球队很着迷。我越多地研究他们如何在大学体育项目（包括男队和女队）中建立最具主导地位团队的过程，学到的就越多。我相信无论在体育还是企业领域，这对我们所有人来说都具有指导意义。

正如加入这个球队的新队员所告诉你的，他们尊重老队员及其创造的优胜传统。自1995年开始，此项传统包括自2008年以来参加所有年度全美大学生篮球"终极四强赛"，以及NCAA最长的连胜纪录（111场比赛连胜）和11次全国冠军。球员们都明白，无论在球场上还是球场外，赢得比赛需要承诺每天做得更好。

如果说熟能生巧（至少是卓尔不群的），那么练习的质量越高，团队就越有可能发挥潜力。我欣赏康涅狄格大学女子篮球队队员每天训练，并不是为了赢得全国冠军。她们通过训练帮助队友每天有所进步，并希望她们更上一层楼。全国冠军不是她们的最终目标，而是对她们日复一日努力的奖励。这就要求她们成为最好的球员和队友，一起不断地努力并赢得一切。

球队专注于可能影响夺冠的细节。球员和教练不会拿自己与NCAA第一级别的其他球队对比，他们设定了属于自己的卓越标准，而其他球队的标准也随之提高了。这就是现在比以往任何时候都有更多的顶尖且极富竞争力的女篮项目的原因之一。来自田纳西州的主教练帕特·萨米特（Pat Summit）为康涅狄格大学女篮设定了标准，引领其他十几所大学提高了水平，其中包括南卡罗来纳州大学、斯坦福大学、贝勒大学、俄勒冈州大学、圣母大学和路易斯维尔大学等。康涅狄格大学女篮的实践在于首先将球员置于比以往比赛经历困难得多的情形中，充分发掘训练中的每一丝价值（我曾听到一些球员将比赛日称为"休息日"）。

生产力与心理安全感的关系

如果你能明确生产力的定义,最大限度地发挥人力、时间和其他资源的作用,并提高产出,同时对实现目标进行奖励(无论目标是什么),那么这可能对你的组织产生巨大的变化。

你可以为私董会小组成员提供尽可能多的心理安全感,但如果他们无法为自己及其组织获得真实的价值,那他们就不会留在小组里。这一点对团队也是非常具有指导意义的,因为优秀的人希望自己被视作高水平团队的一分子,而团队最终也会以其对卓越的不懈追求而闻名。

私董会小组的生产力

当我与私董会小组讨论生产力时,我会询问他们所讨论话题的质量(包括挑战和机遇)、发言纪律,以及为自己和团队实现的有形价值。让我们一个个来详细分析:

(1)话题的质量:你可能已经注意到,当你把这五大因素看作一个强化的循环时,会议现场需要愿意创造心理安全感且合适的人。如果没有这些条件,私董会成员永远不会提出他们最紧迫的问题。心理安全感和成员愿意谈论的话题之间有直接的联系。影响话题质量的另一个条件是会前准备工作。你是否还记得学生时代没有做作业就去上课的感觉?你最不想发生的事情就是老师点名,给你来一个措手不及。事前没有准备的人往往不会积极参与,最终会影响会议的效率。除非小组成员相信小组对他们有所帮助,否则他们不太可能提出尖锐的问题。那样又有什么意义呢?

(2)发言纪律:即使在一般的情况下,话题的质量也会很好。如果发言没有纪律,成员也不会在私董会小组待这么久。发言纪律差会将整个议程演变成一场无休止的闲谈,或是一场快速追逐主题的讨论,抑或是一场立即得出结论的对话,以至于整个小组永远无法触及问题的核心。这样的会议状态会影响讨论的效率,不利于私董会小组的生产力发展。发言纪律需要小组中的服务型领导人和知晓私董会小组基本规则的成员通过不断的监督指导来维护。

(3) 有形的价值:除了发言纪律对会议效率和信心产生负面影响,其他成员是否对你有所帮助的信念也会影响你提出问题的意愿。为什么要把你的困难分享给一群帮不了你的人?原因是多种多样的,如能力、是否熟悉讨论的话题、其他成员有多大意愿拿出自己的最佳状态参加讨论。(现在,我们应该已经明白为什么拥有合适的人如此重要了)如果成员在一起的时间越来越长,却没有为自己及其团队带来任何有形的价值,他们就会去寻找另一家私董会。

目前最大的障碍

好消息是,关于私董会小组生产力的最大障碍是最容易解决的,这也将对提高小组效率产生重大影响。2017年初,在一次关于小组会生产力的讨论中,一位CEO私董会小组成员(在此让我们叫他"吉姆")承认,他每个月参加私董会会议时都没有好好地做会前准备,这一点和他日历上的任何其他会议都不一样。吉姆意识到会议中他说的一字一句都意味着什么。他接着说,他永远不会像参加私董会这样毫无准备地去参加董事会会议、员工会议或客户会议。他的坦诚也促使其他成员反复思考他所说的内容,并由此产生一致的认识。

然后,吉姆指着一位女会员说:"海伦,每次私董会会议上,你似乎总做好准备,而且比我们其他人准备得更好。你花多少时间去做准备工作?"

海伦回答:"大约15分钟吧。"

对于在座的每一位成员来说,如果他们在每次会议之前都像海伦那样做好准备工作,将成倍地提高私董会小组的生产力和效率。

每当我和其他小组一起讨论这个话题时,情况也差不多。更重要的是，从 2017 年的那次会议开始，我和每个私董会小组都会分享这个案例。而有趣的是，我发现缺乏会前准备是私董会小组的一个普遍问题。

那么，为什么 CEO 会毫无准备地去参加私董会小组会议呢？部分原因是"我已经都知道了"综合征。在他们的意识思维中，自己已经很好地理解了自我及其公司，能够在其他人注意到之前，就处理好或规避任何可能出现的问题。他们还有一个不愿接受的事实，即每次参会时，他们是否把最佳状态带到小组会议上对其他成员真的非常重要。他们知道会前准备对其他会议有多重要，在很大程度上是因为这些会议都不是私董会会议。私董会终究是不欢迎旁观者的。如果会员以二三流的状态而不是最佳状态参会，那这次小组会议也将是二三流的会议。当你观察到一个私董会小组的困难最终可以归结为准备工作和思考视角时，你会发现如果没有会前准备，会议自然而然就不会有成果。

而且据我所知，从来没有哪位准备充分的成员说，会前准备花费了比海伦所说的 15 分钟更长的时间。看上去小小的投资，却可以获得巨大的回报。

为什么提出伟大的问题会改变一切

会前准备和积极投入能帮助你在会上提出明智的问题。如果你想实现自我提升，就应该不断地询问自己如何实现这一点。一个问题会引出另一个更详细的问题，提出的问题越多，学习和探索的机会就越多。有时，我们是为了得到答案。而其实，这恰恰在于你是否提出了正确的问题。错误问题的正确回答会让你在错误的方向上越走越远。

许多私董会小组有这样一个议程，就是将一个复杂的问题提交给成员讨论。在伟事达全球，此类对话框架被称为"问题处理流程"。伟事达在几十年前就开发了这套模式，至今仍以各种形式在世界各地的私董会中被广泛实践。

"问题处理流程"首先要有一位私董会成员（我们称她为"琳达"）

分享一个简要的讨论话题（挑战或机遇），然后说明为什么这个话题很重要，她采取了怎样的行动，并将此问题重述成一个更为具体的问题，并向她的同侪小组提问。在此之后，各位成员会澄清问题，整个过程的高明之处就在于此。有经验的成员都明白，在早期阶段提出的问题更多的是为了支持小组评估琳达的具体问题。而此时，成员可以确定琳达是否已经明确问题的根源或问题仅仅只是某种表征。高绩效的私董会小组会展现出极强的耐心，并且对这个复杂的流程高度理解，避免在了解全部情况之前急于下结论。

根据我的经验，最初的澄清部分会占据小组讨论80%～90%的时间。如果在"问题处理流程"中，琳达问要如何增加客户的数量，但小组成员觉察出她其实是希望努力发展公司的整体业务，那么这就是两个截然不同的话题了。增加客户的数量及如何增加客户的数量，与推动企业有机增长和探索新的收入来源在方法上有很大的不同。如果小组成员确认琳达需要重述她的问题，那她就会更直接地针对新指定的目标进行新一轮的提问。

在完成这一部分之后，成员将分享他们的体验（如果琳达要求，可直接提供建议）。在得到所有建议后，琳达会反思一下，分享她的共鸣，并公布她在"问题处理流程"中，在提出所有观点的基础上所采取的行动计划。

这一过程的魔力在于问题的质量和成员听取其他观点的意愿。在导言中，你看到了推理阶梯是如何限制我们看待世界的方式的。想象一下，借此机会爬上另一个人的推理阶梯来看看他的观点。在第2章中，赢得GTECH业务的营销团队把一次简单的通气会变成了最终敲定协议的正式会议。这一切都是因为我们所提出的问题比竞争对手提出的更好。当我们愿意爬上另一个阶梯时，专注于问题而不是答案，是践行对帮助自己、队友和整个团队进步的不懈承诺，你就能达到大多数人所描述的资源充足的状态。

小组如何充当团队的练习场

是熟能生巧吗？不一定。完美是一个相当高的标准，但大多数人会认同练习可以提高个人和团队在比赛时的表现。关于这一点的真实性，大多数人都有亲身体会。如果你从小就开始演奏音乐或参加体育运动队，那你可能每天会练习好几小时，通过不断学习来提高自己的技能，直至参加音乐会演奏或比赛时，你会感觉自己已经准备充分。世界上最杰出的音乐家和最专业的运动员都会通过不断的训练以保持最佳的状态。因此，这就提出了一个问题：如果熟能生巧（至少能让大家做得更好），那么为什么我们很少在企业里进行实践？

优秀 VS 伟大

如果你在谷歌上搜索"企业实践"，你就会发现若干页的相关链接。如果搜索"练习高尔夫"，你会发现成千上万的链接，这些链接帮助你解决如何练习高尔夫的问题。这是一个简单却生动的例子，证明我们对企业实践不够重视。这可能就诠释了吉姆·柯林斯（Jim Collins）的那句名言："优秀是伟大的敌人。"[①] 他解释道，因为我们有优秀的学校，所以没有伟大的学校。我们没有伟大的机构，是因为有优秀的机构。这里的问题并不在于如何适应优秀，而在于相信只要优秀就已经足够，这样的态度很难促成世界级的绩效。

通过练习获得技能

当 CEO 考虑企业未来 10 年里在全球舞台上的竞争和繁荣时，他们会

[①] James C. Collins, *Good to Great* (London: Random House Business, 2001).

明智地要求每位员工观看奥运会（2020年的奥运会因疫情已改期）。通过观看比赛，人们认识了世界上最好的运动员。他们通过无数小时的训练来磨炼自己的技能，并力争接近完美。问问自己：一位体操运动员是如何在四英寸宽的平衡木上完成所有动作的？一个夺冠球队又是如何达到大多数公司梦寐以求的高度一致的？只有通过训练，很多很多的训练。

彼得·圣吉在《第五项修炼：学习型组织的艺术与实践》中提到了在企业中创造实践场域的重要性①。请花点时间想想你是否在公司内部创建了实践的场域。私董会？现场场景模拟？公司活动？体育比赛？没有人仅仅因为表现优秀而赢得奥运奖牌。在未来10年里，你的公司如果只是表现优秀，是不太可能在全球的舞台上获得蓬勃发展的。你应该想想如何进行实践，以使你的公司成为最棒的企业。

团队的生产力

如果我们从产出和结果的角度来思考生产力，就能支持我们重新思考如何更有效地合作。多少次你听到有人抱怨公司团队人手不足？当然团队人手不足是有可能的，但也有可能是因为团队没有最大限度地提高现有人员的效率和协同合作。团队的生产力可总结为以下几点：

（1）团队成员：团队中拥有正确的人，他们努力拿出最佳状态成为好队友是团队成功的关键。想想我在 Wooding & Hausley 公司的团队，他们是如何拿下 GTECH 公司的业务的。我们中的任何一位或两位成员都不可能具备拿到这个客户所需的所有技能或思维，但我们每个人都能为手上的工作贡献独特的能力并竭尽全力。做一位好队友是必须的，这绝不仅仅是出于礼貌和友谊，而是源自对以下公理的完全接受："任何个人都无法比所有人更聪明。"只要团队里没人关心谁将获得荣誉，无论发生什么，团队都会共同庆祝成功或为失败而难过，不会争夺荣誉或相互指责，

---

① Peter M. Senge, *The Fifth Discipline: The Art and Practice of the Learning Organization* (New York: Doubleday/Currency, 1990), p. 3.

那么任何成功都有可能实现。我们一起赢，一起输，就这么简单。

（2）流程：团队成员合作的模式是拥有伟大的成员和拥有伟大的团队之间的区别。首先，团队一般会通过书面的方式明确行为章程。每个团队成员都应该了解团队计划。布鲁斯·塔克曼（Bruce Tuckman）提出的团队"组建期、激荡期、规范期、执行期"的结构经受了时间的考验，却很少被提及。"组建期"是必不可少的，它为团队向前推进奠定了基调。请思考"组建期"的这些过程：

- 会议（多久举行一次会议，它们的目的是什么）。
- 日期安排（如何安排会议日期，确保时间不和与会人员的其他重要事务发生冲突）。
- 线上工作（使用哪些工具和资源可以支持最佳的实时通信和透明度）。这个技能在2020年至关重要，所有的组织领导人都必须掌握。

（3）里程碑：大多数团队在体育或企业领域达到最高目标通常都很费时。保持团队的参与度，不断激励团队并展示团队的持续进步，庆祝这一路经历过的里程碑，可能是整个过程中保持个人和团队卓越必不可少的因素。

（4）成果：人们喜欢用获胜的球队来表示自我身份。球迷会很高兴地穿上本地主场橄榄球队的球衣，如果这支球队碰巧赢得了超级碗，那感觉就再好不过了。我来自东北部的新英格兰地区，对此我深有体会。我说这些根本没有幸灾乐祸的意思。就拿新英格兰爱国者队来辩证地探讨吧。现在我已经60岁了，在我还小的时候，新英格兰爱国者队举步维艰，更不用谈夺取超级碗了。当时，你很难看到有人穿爱国者队的球衣，甚至有一些邻居自豪地穿着纽约巨人队（这个名字听起来很神圣吧）的球衣。时至今日，新英格兰爱国者队已今非昔比。我敢打赌，爱国者队的纪念品销售量在20世纪80年代初之后"略有上升"。

建立私董会和企业团队之间的联系

正如前文所述，建立私董会小组是为了帮助成员实现他们的目标。

而企业团队共同努力，是为了实现集体目标或共创某项产品。尽管如此，私董会小组有时也需要像企业团队一样运行。比如，在我之前提到的研究生学习过程中，班级同学相互帮助，从而更有效地学习，使每个班级成员都尽可能获得最佳的个人成绩。然而，他们可能需要组成一个团队，合作写一篇论文或完成一个视频项目，然后作为整体接受评价。企业团队可能是为了实现一个共同的目标或产品而组织起来的。在这个过程中，他们将集体合作，提升个人技能，更好地为团队做出自己的贡献。

又如销售团队，那些特别擅长搜寻客户、搞定合同、解释产品或服务的成员可以帮助团队的其他成员。那些坚信市场无限大和努力把饼做大的销售团队，相比那些目光短浅的销售团队更强大。这些目光短浅的销售团队成员仅仅把市场看作一块大小有限的饼，只关心个人表现，只为自己的一亩三分地而战。

会议的议程

现在，我们可以开始做点事情了。多数企业员工会议都遵循以下议程：①会议负责人宣布几件事；②与会者轮流报告各自部门的情况；③会议在一种人造的满足感和相信每个人都已知情且保持一致的气氛中结束，这种感觉至少可以维持到下一次会议。这听起来像你的每周员工例会吗？如果是，那看看另一种选择吧。

在我与伟事达前 CEO 拉斐尔·帕斯托（Rafael Pastor）的多次交谈中，他经常谈到举办类似私董会的员工会议的设想。有鉴于此，请允许我为你的下一次会议提出一个全新的议程：

(1) 作为会议的领导者，请不要先大谈特谈所有你认为最重要的事务。与其问你手下的人在做什么，不如问他们怎么做。作为会议领导，还应努力创建可以让员工分享个人的里程碑，并表达他们个人和职业方面感受的场域。这样做不仅传达了信息，表现出你关心的是他们本人，而不仅仅是他们的工作表现，更为即将到来的对话奠定了正确的基调。

这点对于在疫情流行期间被迫进行线上领导团队的CEO来说，是最大的收获之一。

（2）请最近参加过会议的人读一本相关的商业图书，或者参加一项外部培训，然后花10分钟时间在会议上分享他们上周所学到的内容。这样做可以使每个人都获得价值，还能提高员工的演讲水平。（请在会前确定人选，以便做好准备）

（3）公开发言，鼓励对话，然后邀请与会成员分享他们认为其他成员可以帮忙解决的问题或挑战。这项实践将充分发挥他们的天赋，建立信任和友谊，并可能帮助团队真正地实现目标。

（4）最后，请每个人用一句话来描述即将到来的下一周的首要任务。这样做可以帮助员工明确重点，同时使整个团队受益。

（5）会议结束。

本章小结

本章将生产力定义为成绩和结果。人类历史上没有任何时候像现在这样面临挑战，我们必须相互依靠。好消息是，我们拥有世界上所有的资源和财力来实现积极的成果，这与个人、组织或生态系统息息相关。为达到这个目的，我们应保持充分的好奇心来提出问题，并维护适当的心理安全感，以开放的心态来考虑他们的反应，从别人的角度来审视自己的观点。

私董会小组是团队的修炼场。在这里，成员可以提升自己的技能，学习而不是判断，展示所有维护心理安全感的行为，以确保诚实的交流富有成效。

下章简介

第5章将探讨什么是私董会小组和企业团队的担责文化。在此剧透一下：这并不是要求私董会小组负责人、教练或CEO担责，而是要求其他小组成员担责，并建立长期的、维护个人的担责文化。

第 5 章
担责文化

领导力就是让球员信任你。如果你告诉队友自己已准备好全力以赴，那么你最好说到做到，否则队友会瞬间看穿你的谎言①。

——拉里·伯德（前 NBA 著名球星）

公司里倡导的责任心是我们一直推崇的理念，而担责文化却将其推到了一个更高的层次。

——王祥云（安徽核力电气有限公司总裁）

20 世纪 80 年代，"魔术师"约翰逊和"大鸟"伯德化敌为友的故事是人们使彼此及团队进步的典型例子。这两位都是有中西部血统的 NBA 球星（分别在东西海岸的不同球队打球），他们在每年常规赛期间只对战两次，互相挑战，成就伟大。他们帮助各自的球队赢得了比赛，同时支持各自的队友得到更好的提升。

"魔术师"约翰逊和"大鸟"伯德在每次比赛后都会查看对方的比赛数据，激励对方日复一日更努力地训练。事实上，他们都相信"我们"的力量始于"我"，伟大的球队是从自身起步的。他们相互尊重，帮助对方成为更好的球员和更高效的团队领袖。"魔术师"约翰逊和"大鸟"伯

---

① "Larry Bird Quotes," Brainy Quote, accessed June 2, 2020, https://www.brainyquote.com/quotes/larry_bird_368193.

德各获得3个联盟MVP（最有价值球员）奖项，湖人队和凯尔特人队在那个时代总共囊括了8个NBA总冠军的头衔。

就我而言，这两支球队吸引我注意力的一点是他们如何获胜（尽管作为凯尔特人队的老球迷，我还是会有些偏心）。这两支球队各有明星球员——"魔术师"约翰逊和"大鸟"伯德，他们在教练团队和球队领导人的鼓励下，表现出非凡的体育精神和卓越追求。我认为，湖人队和凯尔特人队共同为篮球运动树立了很高的标杆，直至今日仍对整个篮球运动产生着重大的影响。如果你是一位篮球迷，我会请你去YouTube网站上欣赏一下那个时代留下的无数凯尔特人队对战湖人队的比赛视频，这些都是活生生的记忆。即使你不是篮球迷，或者对篮球运动一无所知，那也无法不对他们华丽的团队配合啧啧称奇。

最后还要提到一点，那就是球迷在其中也扮演了重要的角色。大家都知道，客户是公司努力追求卓越过程的终极裁判员之一。"魔术师"约翰逊、"大鸟"伯德，湖人队和凯尔特人队都矢志不渝地对球迷负责。凯尔特人队球迷热爱自己的球队，就像他们鄙视湖人队一样，反之亦然。我在想，这两队球迷之间的竞争也在让这两支球队变得更强。我永远不会忘记1982年的那个特殊时刻。

当时是NBA东部总决赛的第七场，凯尔特人队在主场波士顿花园对阵费城76人队。凯尔特人队和费城76人队可以算是老对手了。结果，凯尔特人队在主场败北，比分是106∶120。然而最令人难忘的并不是凯尔特人队第二次在主场输掉关键的七场四胜制淘汰赛的第七场比赛，而是在比赛结束前的最后一刻，一切都无法挽回的时候，波士顿花园全场的球迷开始齐声高喊："打败湖人队！打败湖人队！"补充说明一下，这一年，费城76人队将在NBA总决赛中与洛杉矶湖人队狭路相逢。我只能想象费城76人队的球员在面对凯尔特人队的失利时，可能已经准备好遭受波士顿球迷的满堂倒彩。而波士顿球迷却向西海岸传递了明确的信息：尽管我们厌恶费城76人队，但我们更恨湖人队！这一场景也为1984年的NBA总冠军系列赛埋下了伏笔，自此之后，波士顿和洛杉矶将开启一个

令人难以置信的10年，为冠军而战。

个人经验

此时此刻，请按下暂停键，回想一下生活中让你变得更好的人，这对你是很有帮助的。这些人可能是你在远处默默注视着的人，就像"魔术师"约翰逊和"大鸟"伯德，抑或是与你竞争的同事。我们现在大都知道"魔术师"约翰逊和"大鸟"伯德之间的关系了，但大多数人可能不太熟悉拉里·伯德与他的队友丹尼斯·约翰逊的关系。伯德认为，约翰逊是他最好的队友。他们互相帮助，加深各自对比赛的理解，借助他们强大的篮球智慧，享受着赛场上独有的默契。

我并无意为"魔术师"约翰逊和"大鸟"伯德做任何定性的比较。此时此刻，保罗·萨巴图斯（Paul Sabattus）在我脑海中浮现，他是我多年的客户，至今仍是我的朋友，他就是我的"魔术师"约翰逊。更有意思的是，他是湖人队的球迷。我钦佩保罗的个性和创造力，他督促我成为一名更好的专业人士，而且我们都乐在其中。而我的丹尼斯·约翰逊就是马蒂·林奇（Marty Lynch）。他是和我一起共过事的最好的伙伴之一。马蒂在他的行业领域是一位真正的学习者，他总是在CEO之前学习新知识并加以运用。我非常敬佩他一直走在行业前沿。受他影响，我已经竭尽全力保持着对未来的关注。（注：我相信马蒂此时正在读这本书，他肯定会想："等等，我才是这里的拉里·伯德。"此时，我要对马蒂说："当你写自己的书时，你就可以当拉里·伯德了！"）

撇开这些玩笑，此处的重点在于同侪之间的影响、同侪之间的压力、同侪之间的相互塑造或者你想得到的其他任意称呼，这些都是我们生活中的强大力量。如果只是单枪匹马地干，那我们大多数人都走不了多远。我们需要同道中人，帮助我们成为最好的自己，能为团队做出更有效的贡献。具有共同目标和共同价值观的伟大队友才会相互担责。

担责和价值观

20世纪90年代后期，联合慈善总会制作了一个视频，巧妙地进行自嘲，同时提出一个重要的观点。视频中的场景是这样的：在一个小学教室，一名学生带着她的父亲（联合慈善总会的高管）来谈论他的工作内容。当爸爸开始用联合慈善总会的行话来叙述时，孩子们很快就觉得非常无聊。女儿立刻意识到问题，站起来澄清他的工作内容："他帮助别人！"很幸运的是，爸爸得到了暗示，于是更好地参与到课堂活动中，无聊的气氛很快就被理解和微笑取代。

我不禁想起这个故事，在我写了一篇题为《什么样的核心价值观驱动着你的私董会小组》的博文后，伟事达私董会教练约翰·杨克尔（John Younker）也留言分享了他的故事。当时他在得克萨斯州有一个伟事达私董会小组，就像上面视频中联合慈善总会高管的女儿在教室里所说的一样，他和他的私董会小组以同样优雅简洁的方式直击关键点。对他们而言，他们出席私董会完全是为了其他成员。这么说是一回事，而做却是另一回事。约翰和他的小组有以下两点重要的实践[①]：

（1）他们通过制订指导小组成员具体行为的准则来定义小组规则。该小组的行为准则如下：

①真诚。我们将开诚布公，我们将知无不言。

②关爱。我们允许成员之间带有关爱地进行激烈挑战，即使这样做会让人感到不舒服。

③开放。如果我们觉得某位成员有所保留，而不是对我们坦诚开放，我们就会挑战这位成员。

④信任。我们坚信可以相互信任，信任彼此会遵守我们在加入私董会小组时所签署的保密协议。

---

① John Younker, "Personal Communication," March, 2015.

⑤保密。每当感觉有违反保密原则的情况出现时，我们会通知整个小组，这是需要全体小组成员共同解决的问题。

⑥支持。即使是在两次月度会议之间，如果觉得有必要，我们也会随时寻求支持和帮助。

⑦尊重。我们相互尊重，并承诺准时出席小组会。

（2）私董会小组为了确保他们的行为准则和相关规定不仅仅停留在书面上，每年年底会举行年度会议，依据行为准则评估这一年整个小组的绩效和成果。会议结束时，成员会给约翰起草一份备忘录，明确下一年小组应改进的地方，并以身作则，为建议的落地实现担责。

约翰的私董会小组成员言行一致，互相支持着一路前行。这就是私董会小组成功的原因，也是约翰和他的成员认为私董会中的经验如此宝贵的原因之一。

值得注意的是，所有这些规范和行为都会维护和加强心理安全感。当你仔细审视大多数私董会小组的行为准则和发展历程时，这一点几乎总是成立的。当我要求成员对小组的担责氛围进行评价时，这几乎总是与他们评估的安全保密环境的利用能力相匹配的。这个发现可以揭示，虽然小组成员可能将他们的心理安全感评到9.5分或10分，但真正利用环境的能力评分并没有那么高，平均水平接近6.5分。因此，如果小组成员给自己的心理安全感打6.5分，那么很有可能他们会使用相同的分值（或更低的分值）来评定他们小组的担责氛围。这个相关性既不是巧合，也不是意外。如果你不能真正地利用心理安全感营造的环境，就永远不会对彼此挑战，也不会因以任何严肃的方式要求彼此担责而感到舒服。

作为个人责任的担责

如果你是团队中的一员，相信团队的成功始于"你"（和"魔术师"约翰逊、"大鸟"伯德一样），在对自我要求担责并要求他人责无旁贷这一点上，你已经迈出了第一步。教练和私董会小组中的同侪可以推你向前，但你必须自己希望成为伟大的人。你也需要成为愿意帮助别人发挥潜能的人，做到这一点需要坚定的承诺。因为别人无法将意志强加于你，而是你自觉接受的责任，就像对自己和他人的其他责任一样。

尽管有字典，但我还是倾向于用个人责任的术语来思考"担责"这个概念，关于这个缘由有几点要说明。我最初受到了芬兰国际交流与合作中心（CIMO）前负责人帕西·萨尔伯格（Pasi Sahlberg）教授讲话的启发。萨尔伯格教授曾指出，芬兰语中没有直接对"担责"一词的翻译。① 他说，"担责"应该是在某人的个人责任感缺位之后剩下的部分。第一次阅读那篇文章后，这段内容让我不得不思考其中有多少是因为语义上的差异，还是因为短语组合的巧妙转变，而非更具实质性的内容。

我听到 CEO 对如何专注于让人们担责的分享越多，就越注意到这样做几乎让他们的员工疲于应付。这就会形成一个互动模式：两个人相对而坐，并尽力避免坐在同一边。结果是，员工并没有对他们的业绩完全担责，而是像领导强加给他们的任务。即使对那些达标的员工来说，他们可能在绞尽脑汁，心却不在其中，而且肯定没有做到从长计议。

最后，我发现那些不为自己工作和目标承担个人责任的人往往会觉得自己无关紧要。这些人无法想象每天带着最佳状态，竭尽全力为团队做贡献会带来什么不同。随着时间的推移，这样的人会习惯于靠边站，只要自己完成的工作还算合理并可以被人接受，就可以保持现状，也不会担心影响甚至损害工作团队和企业组织。这种心态是错误的，但在 CEO 私董会小组和企业员工群体中可以找到它的身影。

个人责任和 CEO

大约一年前，我为中西部一个 CEO 私董会小组分享接力助力工作坊。

---

① Anu Partanen, "What Americans Keep Ignoring about Finland's School Success," The Atlantic (February 17, 2017), https://www.theatlantic.com/national/archive/2011/12/what-americans-keep-ignoring-about-finlands-school-success/250564/.

我们讨论了担责和个人责任。我们把这个概念分为三类。第一大类是价值观和行为。这个小组成员分享了自己在各自公司作为 CEO 所面临的挑战。他们也认可成为一名有价值的私董会小组贡献者的个人责任是通过基于大家认同的价值观来规范参会行为。在这些价值观中，最典型的就是参会承诺，这项承诺通常由小组成员自己规定：为会议做好准备、出席所有的私董会会议、在会议过程中全身心投入。

第二大类是行动承诺的后续跟进。当一名成员参与小组会，寻求帮助来应对未来的挑战时，其他成员会分享各自的经验、见解和观点。通过私董会的"问题处理流程"，案主会员通常会就下一步行动总结出自己的方案。案主同意并允许小组跟进整个过程，这样的后续跟进可以带来更多的学习机会，所以也是非常重要的。

第三大类是做他们承诺会做的事。小组成员不会告诉案主成员该做什么，只是通过提问的方式引导其得出自己的结论，并以有助于案主实现结果的方式支持其达成结果。这种对问题的拥有感是私董会小组与咨询公司的重要不同点之一。不是告诉案主该做什么（也不是说绝对不能告诉案主），而是案主自己会对解决方案负责。我们知道，正因为如此，解决方案才更有可能成功实现。

在这三个类别中，你可能认为最不具争议的是参会承诺，然而，它是最有意思且最具戏剧性的。

参会承诺

分享一个很有意思的案例，某次私董会的会议室里有一位先生（我们称他为"理查德"），他每个月的参会水平都差强人意。我发现，我越多地谈论每个月参会的重要性，他越显得恼怒。很显然，这次讨论进行的时间太久了，内容他也不接受，所以他向所有会员隐晦地表达了这样的意思：他是会员，支付了会费，他有权利选择不参加小组会。他甚至挑衅地说道："如果我不参加会议，那是我的损失，对其他人没有影响。"

接着，他抬起头看着我站在会议室前，神情好像在说："好！现在看你怎么办？"他没想到的是，当他告诉其他会员，他不能出席会议，受损失的只是他自己时，这其实给了我一个机会。我等了一两秒钟，向其中一位成员提出了这样一个问题："你愿意花一分钟时间告诉小组，当理查德不在的时候，我们的对话中缺少了什么吗？"然后，我问了第二个成员，又问了第三个成员。他们直接向理查德说明他的不参会让会议的谈话失去了哪些价值。他们告诉理查德，他可以为大家分享其他成员无法提供的观点，他的参会非常重要。我转过身去看理查德时，发现他已经热泪盈眶。理查德很清楚作为公司 CEO 的他有多重要，但他不明白他是否参会对私董会小组的同侪意味着什么。

我告诉理查德，我这样做不是为了让他难堪。我转向小组的其他成员，对他们说："事实上，我本可以问你们中的任意一位同样的问题，然后得到类似的答复。大家可以把这个私董会小组想象成一个爵士乐队，你不能在缺少某件乐器后还期望乐队合奏能够产生相同的音效。小组里的所有人都很重要。"

最后，理查德也转向其他成员说道，他不知道自己糟糕的参会情况竟会对他们产生这么大的影响。紧接着，他发誓，他将竭尽全力，不再错过任何一次会议。

价值观和增加价值

虽然私董会小组成员的多样性对提供广泛的视角极为重要，但成员在努力贡献的同时所抱持的观点也同样重要。当我思考美国和英国的 CEO 私董会小组如何看待多样性和共同价值观时，我发现他们对两者都很重视。尽管如此，美国的 CEO 往往更多地强调多样性，而英国的 CEO 则表现出对共同价值观的重视。

美国的 CEO 经常与其他 CEO 一起参加私董会小组，而这些 CEO 领导的公司与其所在行业无关。这样的设计有助于避免小组里出现同业竞争，也可以为这些公司领袖提供窗口，了解其他行业的情况。这就是他们发现自己行业中闻所未闻的实践，在其他行业中却司空见惯，而这些实践反过来也可以用于自己的行业。他们不仅寻找来自不同行业的 CEO，还寻找那些在特定领域有优势的人，如营销、金融、法律和人力资源等。多样性也体现在成员的年龄、性别、种族和族裔上。任何人都可以参与这个小组并贡献独特的视角，以帮助大多数成员来审视原本看不到的状况。

英国的 CEO 也参与了同样的多行业私董会小组，他们对与会成员的多样性也给予了很大的重视。尽管如此，当被问及他们小组增加了有价值的新成员时，他们首先会从共同价值观的角度谈论新会员。他们说，新加入的成员应遵守参会承诺，示弱，学习而不是评判他人，并能够把自尊心抛在门外。他们认为，尽管可以接受来自不同行业或拥有不同专长的新会员，哪怕他们的专长并不一定能转化为附加值，但是，除非他们能在共同价值观上保持一致，否则他们永远不会带来价值。

参会、投入、跟进

如果你是一位私董会的成员，并希望自己的小组保持更高的绩效，那么请记住，这一切都是从你开始的。成为更有价值的小组成员是建立更高绩效小组的第一步。正如吉姆·库泽斯（Jim Kouzes）和巴里·波斯纳（Barry Posner）在他们著名的"卓越领导力的五项实践"中所描述的，"示范引领"取决于你本身。[①] 你可能不是所在小组的领袖，但你能成为小组的引领者。

历经 4 年，我帮助新老私董会小组在开会时间内获取尽可能大的价值。我发现，小组的整体力量取决于成员。要想小组表现出色，每位成员都需要百分百地投入。此外，成员可以通过以下 3 点来迅速提升小组

---

① James M. Kouzes and Barry Z. Posner, *The Leadership Challenge* (SL: Wiley, 2017).

对每位成员的价值优势：

1. **参会**

你如果相信"生活中的80%在于秀出自己"，就能很好地理解，要成为一位优秀的私董会成员也是一样的道理。如果你（包括其他成员）无法始终如一地参加会议，这个小组就永远无法意识到它的真正潜力。如你所知，我在《同道神力》一书中介绍了高绩效私董会小组的5个因素，帮助小组评估他们目前的表现与理想状态的差距。这些因素包括：

（1）小组里的成员都是正确的人选；

（2）安全和保密的会议环境；

（3）有价值的互动，提供有意义和可操作的分享；

（4）成员之间的担责文化；

（5）一位服务型的领袖，维护着前四大因素。

你每次缺席会议的行为不仅对你是损失，还破坏了团队的最佳表现力。虽然生活是充满变化的，但是要成为伟大的私董会成员，首先就要保证出席会议。

2. **投入**

既然你准备去参会，不妨带着自己的最佳状态去。要做到这一点，就得先做好准备工作。CEO、中小企业家和公司高管无数次地向我承认，相比他们日程表上的任何其他会议，他们参加私董会的准备工作是最不完善的。而那些做好准备的会员会告诉上述成员，会前准备是一项很容易完成的任务。从没有哪位做好会前准备的成员告诉我，这个过程需要花费超过15分钟的时间。你会前准备得越好，会中就会越投入。每个人投入得越多，整个私董会小组就会表现得越好。

3. **跟进**

假设你向自己的私董会小组寻求帮助，可能是评估一个潜在的机会，或是解决一个艰难的挑战。在小组的帮助下，你决定接下来如何行动，那你务必在下次会议上（如有需要，在之后的会议上也可以）与小组进行情况跟进，让其他成员知道你的行动是对他们的感谢。这样做可以形成积极的担责文化，并成为每个人宝贵的学习机会。当每个人都知道什么行为是有效的，什么行为是无效的时，就会相互学习：有价值的信息最终转化为私董会小组不断演化的DNA的重要部分。

"我们"的力量始于"我"

在这次会议中，我见证了私董会小组所经历过的最有力的成员对话之一。这个小组的成员极其热情，并且深入地反复探讨五大因素。他们讨论得越多，对自己的觉察就越多，也越乐在其中。

然而在会议结束时，其中一位成员（我们叫他"菲尔"）站了起来，从口袋里掏出一个信封，里面有他写给私董会教练的一封信，信中说小组没有给他带来价值，因此他希望离开小组。说了信里的内容后，他一把撕碎了它。

接着他说道："在刚刚过去的3小时里，我一直在和你们交流。我意识到我没有获得价值的原因不在于你们，而在于我自己。我不想离开小组了，而且我要向大家道歉，因为我没有履行好成员责任。从今天开始，我要改变。我将尽我所能成为最好的成员，如果大家看到我懈怠，就请狠狠地踢我屁股一脚。"

我能想象菲尔在工作坊中经历了什么。我们在这里进行了3小时的讨论，讨论如何改进一个他已经决定离开的小组。更值得称赞的是，他从会议开始就自愿参加上午的讨论，没有表现出一点自私消极的态度。更重要的是，即使这个工作坊改变了他的想法，但大多数人的表现可能是把这封信留在口袋里并守口如瓶。而菲尔与他的成员分享这封信，是因为他决定重启自己的信心。他说，从现在起，他将以最佳状态参会，以身作则，也希望其他人和他一样。

本章小结

"魔术师"约翰逊和"大鸟"伯德的关系是HBO纪录片和百老汇舞

台剧长久不衰的主题，我们从中可以学到很多东西。他们让生活中的人们点燃内心的火，并达到难以企及的、炉火纯青的状态。领导者把自己的最佳状态带到团队的每一个场景中，并以身作则，与团队中的每一个人共同努力发掘各自的潜力。他们是团队中的最高领导者，必有其所需承担的责任，当成员都向着一个方向努力时，这样的团队将拥有无法战胜的力量。在共同价值观和行为的驱动下，任何私董会或团队成功的三大关键都是参会、投入和跟进。团队的力量从"你"开始。

下章简介

优秀的私董会小组和企业团队的领导力是什么样的？你将准备如何去领导这样的团队呢？在下一章，我将分享几个正面和反面的案例，同时分享关于领导力如何对私董会小组或企业团队产生影响的一些想法。阅读下一章的故事时，请你问问自己：你目前的领导风格是更接近罗伊还是乔？未来你将如何领导自己的团队？

第 6 章
领导力

如果我看得更远,那是因为我站在巨人的肩膀上。①

——艾萨克·牛顿

领导力就是影响力,同提升、学习和爱一样是永恒的旅程。每个人的言行举止、意念心思都定义了其独特的领导力,而领袖自身发散的能量亦改变周围的场域,吸引周边的事物相互协调及平衡。因此,回到初心,不断检视真正的领导力是十分重要的。

——邓国健(香港科集团创始人)

我见过的每个人几乎都曾有过这样一位老板,他们展示的是如何领导他人的反面案例。我也曾遇到过这样一位老板,当时是 1983 年,我从杰克逊维尔大学毕业后有 6 个月的空窗期,我加入了美国参议员保罗·宗格斯(Paul Tsongas)的连任竞选活动。在这 6 个月里,由于没有钱也没有车,我接受了一份工作,这份工作将为我提供以下两点福利:①这是当地一家福特汽车经销商的销售职位,可以帮助我过上体面的生活;②通过 30 天的试用期后,我有权使用一辆全新的汽车。

首先给大家介绍一下这家经销商的领导层架构:公司老板、总经理

---

① Jamie L. Vernon. "On the Shoulders of Giants," American Scientist (June 23, 2017), https://www.americanscientist.org/article/on-the-shoulders-of-giants.

和销售经理。老板几乎是不参与管理的,至少不直接同销售团队接触。总经理叫约翰,他是一个穿着考究得类似鲍勃·纽哈特(Bob Newhart,美国知名电视演员)的人物,无论从他低调的举止还是幽默感来看都是如此。销售经理叫罗伊,他是个烟不离手的暴君。这两位就是典型的"好警察和坏警察"。这个模式很像我读初中时的情形,有一位受人爱戴的像外交大使一样的校长和一位人人畏惧的副校长。

而在这家汽车经销店,可以这么说,罗伊就是我们的副校长。他会不断地努力驱使每个人工作,如果他感觉到你的眼神里有一丝呆滞,就会向你扔来一本电话簿,命令你给20个园丁打电话,向他们销售卡车。罗伊也是在任何一位顾客离开经销店大楼前必须出面的人。我脑子里关于罗伊的众多故事之一是这样的,他不仅毁了一笔交易,而且给在场所有人的精神留下了终身伤害。那天,一位太太进店来买她的第一辆新车。在此之前,她已经花了几个月的时间参观经销店,努力用尽可能最优惠的价格买到一辆全新的福特 Escort 汽车。当她对我给出的价格犹豫不决时,我别无选择,只能请罗伊介入,希望最后尝试一下。

罗伊坐在我的桌旁,礼貌地问她怎样才能帮到她,她说想让他给予她看中的那辆车最低的优惠价格。罗伊不愿意,于是她继续告诉我们,这个最低价是其他经销商可以接受的。与此同时,她从钱包里掏出十几张经销商的名片,然后把它们翻过来,上面写着每个经销商愿意提供的价格。罗伊看看她,再看看我,又转过去看着她。尽管我已经知道会发生什么,但他的怒气还是让我吃了一惊。

罗伊尖声叫道:"你是想买一辆车还是给你的卫生间配墙纸?快滚吧!"

接着他就站起来走开了,只剩下我俩在那里呆坐,然后我只好对那位太太说:"好吧,谢谢你来访本店。"

就像你所想的那样,这位太太永远地离开了我们店。她会从我们这里买车吗?不太可能。但这让我了解到罗伊极其独特的领导方式和他看待世界的方式。

感谢信和"风火轮"玩具车

　　罗伊还有个众所周知的坏名声：他常常会驾驶公司的汽车发生交通事故。一天早上，他的皇冠维多利亚汽车被拖回经销店。对此，罗伊给出的故事是：一个两岁半的孩子爬到了马路中间，为了避免撞到他，罗伊急打方向盘，结果车子撞向了一棵大树。当然，每个人都觉得这个故事可疑，最重要的原因是孩子的年龄很特殊：不是两岁，不是三岁，而是两岁半。而此前约一小时，我已经听到了这个离奇的故事。此时，我站在一位同事旁边，看着车被拖进来。也不知道当时出于什么原因，我说："嘿！我要给罗伊，还有这场事故以及这个疯狂的故事一个教训。"

　　我的同事怀疑地回道："真的吗？我很期待！"他说得有道理，因为任何直接提及此事的行为对我来说都是职业死亡。那么，肯定还有别的办法。

　　几天后，总经理约翰照例主持每周一上午的会议，通常他会向我们介绍最新的库存情况，谈谈奖金激励计划，并分享一些客户的感谢信，包括罗伊在内的所有销售人员都要出席会议。这天上午的会议开始之前，我递给约翰一封密件。这封信是我用左手拿着蜡笔写的，我向约翰解释说，这封信来自罗伊没有用车撞到的那个两岁半的男孩。男孩在信中感谢罗伊的"不杀之恩"，说他还有一辆"风火轮"牌蓝色皇冠维多利亚玩具车，这样罗伊在他的车修好之前就有车可用了。

　　因为约翰那枯燥的幽默感，很难想到有谁比他更适合公开朗读这封信，这样他也算得上是这场恶作剧的同谋了吧。那天，在会议结束之前，约翰当众宣布收到了这封信，并打开信大声朗读，然后把它传给了会议上的每一个人。约翰说，他对这孩子的写作技巧印象深刻，并赞扬他宽容的性格和慷慨的品质。直到今天，我再没见过一群成年男人如此哄堂大笑，甚至笑出眼泪的情形了，当然我也再没见过比罗伊更通红的脸了。

　　罗伊花了一整天时间，想找出到底是谁干的。午饭后，他走到我跟前说:"我知道了,是你干的。"当时我就被逗乐了,但还是本能地觉得他可能会这样那样地惩罚我。结果,他让我在酷热的天气下把十几辆车挪到停车场的不同位置。当然,对我来说,这也是值得的。

领导力和团队

除了逗君一乐,我分享这个故事还有几个原因。罗伊的领导风格不仅仅是命令和控制,更是直来直去的交易。如果你要在短期内(比如一两个星期内)扭转不利局面,毫无疑问,罗伊能在整个团队点燃一把火,改变整个局势。这个故事中的另一个要点是,罗伊无法融入团队,他游离于团队之外。直到几十年后,我才明白这一点的重要性。我当时只想着,无论对于员工还是客户来说,都应该有一种更好的领导方式。

再快进到我在西顿大学的研究生阶段,有人推荐我阅读吉姆·库泽斯和巴里·波斯纳的《领导力》一书。这本书目前已经发行了6版,翻译成22种语言。在这本书中,我第一次读到关于在某人脚下点火和在某人内心点火的区别[①],这一点阐明了外在激励和内在激励的区别。在罗伊的世界里,销售人员要更加努力地工作,以免被他的电话簿击中。人们可能会称之为外部激励,但这绝对无法鼓舞人心。

领导者是团队的一部分还是游离于团队之外

这些年来,我问过许多领导者:"你认为自己是团队的一员吗?还是游离于团队之外?"一些领导者说,他们是团队的一员;另一些领导者则认为,自己与团队是分开的;还有很多则不太确定我在问什么。虽然有的领导者认为自己是团队的一部分,但他们在思维和实践上都与这个想法格格不入。这在很大程度上是因为他们相信自己给予了团队指导、教

---

① James M. Kouzes and Barry Z. Posner, *The Leadership Challenge* (SL: Wiley, 2017).

练以及支持，但并不是真正的团队成员。

这就是一个领导者作为团队一员的样子：几年前，在 Mullen 广告公司（今睿狮集团）工作时，我参加了一个新的商业宣传项目：争取一家在纽约的重要潜在客户。公司 CEO 乔·格里马尔迪（Joe Grimaldi）在结束演讲时对这家潜在客户说："你不会再遇到另一家比 Mullen 更关心你和你企业成功的广告公司。"我在这家广告公司工作了很长时间，此时此刻，我想站起来说："他说得对！"

乔·格里马尔迪是演讲团队的一员。他并不只在比赛日出现，他的出席向潜在客户清晰地表明：他们的业务关系重大。格里马尔迪后来的行为告诉我们，我们团队对他来说也很重要。当天演讲结束后，他接到一个紧急电话，匆匆地离开了酒店，而我们正在收拾行李，准备飞回波士顿。直到那天晚上回到家，我们都没有再去想他匆忙离开这件事。睡觉前，我查阅了电子邮件，才发现他给团队中的每一个人都发了一封邮件，为自己的匆匆离开而道歉。他说作为 CEO，他辜负了我们。接着，他赞扬了团队成员的共同努力，并指出无论结果如何，我们都有理由庆祝共同完成的伟大工作。

格里马尔迪的演讲和当晚对团队成员说的话，体现了他与执行创意总监爱德华·博切斯（Edward Boches）和其他同人多年来建立的企业文化。我在这家广告公司工作期间，公司领导践行、塑造了这种企业文化并激励着公司里的每一个人。（顺带说一句，Mullen 广告公司最终拿下了那个客户）

领导力"三位一体"的力量

2012 年，我读了一本具有开拓性的书——《部落领导力》，并有幸与它的合著者戴夫·洛根（Dave Logan）结识并交谈。这本书叙述的中心主题是企业团队文化的 5 个阶段，作者将这些不同团队文化的企业按百分比进行了分类，其中关于成为团队一员的价值的内容颇具启发性且令人警醒。

企业文化的第一阶段是"生活真糟糕"。正如你所想象的，这种文化创造了类似监狱帮派的工作环境，根本不是就业场所。根据作者的研究，大约有2%的企业文化属于这一类别。企业文化的第二阶段是"我的生活很糟糕"。作者称，25%的企业都有这类员工，他们基本上只会完成足够的工作以避免被解雇。这些员工会这样说："你的生活可能很好，但我的生活并不是这样。"每周，他们都迫不及待地要结束工作，他们的周末计划优先于任何公事，更不用说把自己的最佳状态带到工作里了。企业文化的第三阶段是"我很棒（而你不是）"（图11），我们可以在49%的企业中发现这种文化。这种文化的特点是有"命令与控制"型的领导者，他们肯定会游离于团队之外，而不是团队的一分子。企业文化的第四阶段是"我们是伟大的"。在这种文化中，企业热衷于击败竞争对手，成为领头企业，这个特性通常与他们的行业部门有关。企业文化的第五阶段是"生命是伟大的"。这种文化描绘了一种纯粹的团队氛围，团队为自己设定了卓越的标准。根据洛根的说法，还没有企业可以做到一直停留在这个阶段。我的看法是，Mullen 广告公司是企业文化第五阶段的常客，而康涅狄格大学女子篮球队几乎已经完全达到这个阶段。①

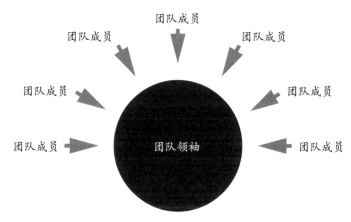

图11 企业文化的第三阶段："我很棒（而你不是）"

---

① David Logan and John Paul King, *Tribal Leadership* (London: Collins, 2008).

在《同道神力》这本书的研究过程中，我们发现在观察高绩效的私董会小组和企业团队时，领导者是小组或团队的一部分，而不是置身事外。

请留意领导者和成员之间以及全体成员之间的关系，你会发现很多领导者与成员之间，看上去根本没有互动。这就是领导者游离于团队之外的状态。很多公司就是这样运作的，几乎不能促成任何真正的团队合作。

图12是我在撰写《同道神力》期间与戴夫·洛根合作开发的。

图12　领导力的"三位一体"

在这个模式中，领导者、私董会小组/企业团队的成员以及小组/团队本身是相互联系的，各方都很清楚他们发挥的作用。"结果"位于整个结构的中心，你可以用任何你喜欢的结果来替换，包括积极的企业文化、生产力、一致性、参与度等。这里并不是说，团队试图为领导者或团队成员取得成果，也不是把领导者看作唯一的激励来源。"三位一体"结构中的每位成员都负有实现卓越的共同责任。

为什么有些领导者难以融入团队

当我问领导者是否相信自己是团队的一员时，大多数人都会先犹豫一下，然后回答道："不是。"他们认为自己是有多重身份的。在许多情况下，因为他们认为自己是领导者，有自己的工作方式，所以并不总是希望被视为团队的一分子。我经常听到体育运动队的教练说，虽然教练不算上场球队的成员之一。这就是团队的定义还存在有待论证的地方。虽然教练不和球员一起上场参赛，但并不意味着他们不是球队的一员。整个球队一起努力才能获胜，而不能仅仅依赖于球员。

不同的私董会小组有不同的运作模式。私董会小组可以由教练（伟事达机构内部的称谓）或受训成为引导人的成员（YPO 组织的形式）率领。无论在哪家私董会，这些领导人都是各自小组的一部分，他们不会与成员分开坐。作为私董会小组的一员，领导人通过规范成员的参会行为，支持整个小组（以及他们在小组里的领导力）发挥更高的效率。这一点很重要。正如图 12 所示，领导人发挥着领导作用，同时通过积极参与，期望周围每个人大度，拥有好奇心和勇气，并适时示弱。他们对小组成员的态度永远是"己所不欲，勿施于人"。

团队成员希望领导人与他们一同战斗，而不是在远处观望。团队共同进退，共担输赢。他们共同接受荣誉，也共同承担责任。如果你想真正长期地率领自己的团队，就必须保证自己是团队的一员，也必须保证团队成员同样意识到了这一点。

为什么领导人融入团队在疫情流行期间尤为重要

在新冠疫情开始肆虐的头 4 个月里，我参加了许多场 CEO 私董会小组的讨论。席间，CEO 热烈地谈论了被迫在家工作的团队效绩和生产力。那些认为自己也是团队成员的 CEO 往往会对员工表现出更高水平的同理心。他们认识到，如果不考虑以下迫在眉睫的挑战，当前的生产力水平可能不会持久：

（1）过劳：快速起步是好事，但这是一场持久战，若要维持甚至提升较高生产力水平所需的能量，就需要 CEO 白天安排好休息时间，帮助员工保持身心健康。

（2）不透明：对于许多员工来说，即便在办公室工作，其他人能真正看到他们有多辛苦都不容易，更不用说在家工作了。CEO 应该设法让个人和团队知道，他们的辛勤工作和成就除了他们的直接领导和队友，其他领导和同事也看得到，这一点是非常必要的。

（3）孤独感：作为社会性动物，我们很快便会开始感到孤独，独自生活时更是如此。安排定期的工作会议和团队社交聚会（在合适的情况下甚至可以请家庭成员一同参与），可以帮助员工产生联结感，这一点在虚拟工作环境中很容易受到影响。

（4）过度专注：当我们过于专注时，思维往往会变得更加受限。哪怕以往所有员工都集中办公时，这也是一个十分棘手的问题。这也是跨职能团队工作至关重要的原因。部门负责人可以提供重要的视角，支持员工与整个企业的状况保持同步。当员工忙于自己的某个特定项目时，要具备这样的视角很困难。

（5）灵感：一次健康的庆祝活动可以成为治愈过劳、不透明、孤独感和过度专注的良药。CEO 越是有创意地庆祝这一路走来的微小胜利，就越有可能使团队保持情绪饱满。请大家回忆一下乔·格里马尔迪作为 CEO 的情形吧。

当谈到生产力时，作为团队成员的 CEO 不会想当然地认为他们在任何特定时间的特定经历会成为常态。伟大的领导者通过践行这四大因素（正确的人、心理安全感、生产力、担责文化），以一个极富同理心的管家角色来为员工服务，成为团队的一分子，而不是游离于团队之外。

更多私董会小组的领导力经验

要有效地领导一个私董会小组，你必须成为教练。你要具备欲望、激情、技能、大脑、心灵和直觉来担负起领导一群 CEO、中小企业主和企业高管的巨大责任。你会是一名专业的引导人、教练、朋友和知己，帮助领导者管理他们的生活和企业。此外，请想象一下他们的工作对依靠他们的家庭成员、员工、供应商、朋友和社区来说意味着什么。

我非常尊重所有能成功领导这些私董会小组的人。你可以想象几年前我被邀请出席由19位伟事达全球最佳实践教练参加的晚宴时有多么喜悦吧。在宴席中，我问了其中几位教练一个简单的问题：成为一名优秀的私董会领导人需要具备哪些特质？以下是我得到的标准答案：

（1）激情：一位伟大的教练必须对工作充满激情。

（2）关爱：你必须真正关心他人的福祉，无论是个人生活层面，还是专业工作层面。

（3）倾听（这是我最常听到的特质）：多听（去理解），少说（提出假设或解决方案）。

（4）管理会议室的能量：这是主持私董会小组的经验分享，也是保持小组集中、富有成效和发挥其真正潜力的重要方面。

（5）保密安全：每个成员都必须感到安全，并为安全、开放和诚实的小组文化做出贡献。没有这些特质，整个小组的运行会很难成功。

（6）担责文化：创造一个让成员提出自己的建议并履行自己的承诺的环境。

以下是一些具体的答复：

让·劳特巴赫（Jean Lauterbach）："我认为教练最重要的贡献介于同侪和引导人之间。这是智慧所在，智慧来自不去刻意假设正确答案的存在，而去充分倾听（没有先入为主的预设），进而提出下一个问题。成员通常在他们内心的某个地方已经有了自己的答案，而我们的工作是耐心有意地倾听，帮助他们发掘这些答案，并获得做出艰难决定的勇气。"

珍妮特·福格蒂（Janet Fogarty）："私董会教练有点像私人教练。他们帮助你明确目标和使命，然后让你继续前进，推着你，支持你。教练也会拿着'手电筒'，帮助CEO或老板识别、直面、应对和影响未知状况。当领导人的计划与现实发生冲突时，教练也会伸出援手。"

托尼·刘易斯（Tony Lewis）："伟事达教练是CEO成员'平等'的

'同侪'。出于这个原因，我们和成员进行了一段信任之旅，前往一个'共同的目的地'。在这个旅程中，其他成员和我们可以在任何地方叫停。正如马克·吐温所说：'并不是你的无知，而是你已知的东西并不真实，这才会给你带来麻烦。'"

德怀特·弗林特（Dwight Frindt）："教练是一个真正的朋友、一个伙伴、一个忠实的倾听者、一个挑衅者、一个节奏调节者、一个可以一起笑的人，有时会被激怒，有时是哭泣时可以依靠的肩膀。教练营造相互信任、相互尊重和安全保密的环境。教练做出示范，支持每位私董会成员发掘和拓展自己独特的领导力，明确他们的真正使命。教练是日常生活中的人，在服务他人的过程中发现了真正的快乐。"

菲尔·利布曼（Phil Liebman）："作为一位私董会教练，我的职能是催化剂。我的工作是帮助、引导（包括应对机会、挑战、变化或对当前现实的新观察），使其产生比其他情形更好的结果，而行为本身不会成为解决方案或最终产品的一部分。通过无私工作来实现共同目标的方式，使人们的生活和整个世界变得更加美好。对我来说，这关乎帮助人们理解他们可以改变自己的目标，当然也是他们必须改变的事物。首先是他们的公司，然后是他们的生活，并最终影响他们所在的社区和整个世界。接下来，我会重新开始下一个行为循环。我认为自己既是同侪，也是专家，就像私董会小组中的每位成员一样。"

让·劳特巴赫的话让我想起了卡里勒·吉布兰（Khalil Gibran）的一句话："真正聪明的老师不会让你进入他的智慧殿堂，而是引导你踏入自己思维的门槛。"[1]

本章小结

本章分享了与我一同参加晚宴的伟事达教练的名言，这些名言印证

---

[1] "A Quote by Kahlil Gibran," Goodreads, accessed May 11, 2020, https://www.goodreads.com/quotes/128983-the-teacher-who-is-indeed-wise-does-not-bid-you.

了你在任何一本值得阅读的领导力书籍中可以发现的训条、价值观、特质和行为。这正是在任何组织中领导伟大团队时所必需的领导力。这样的领导重视团队的清晰度和透明度，通过服务他人来践行自己的领导力，和团队融为一体而不是游离于团队之外，关心人与人之间的关系而不是交易，更多倾向于内在激励而非外在激励。他们是大多数人都会追随到天涯海角的那类领导者。

公平地说，罗伊就像一只乌龟：外表坚硬，内心柔软。如果他想展示自己的内心，那他就是个宽容大度的人。但罗伊没有那样做，他残忍地"领导"着自己的员工，因为他不知道还有什么其他的方式。我们对此也没有其他托词。当我们把团队看成领导者、团队和成员对产出和结果承担责任的"三位一体"时，当你追求达到戴夫·洛根"生命是伟大的"阶段时，你就拥有成功的模型了。

下章简介

我们已经设定好框架，详细研究了上述五大因素，现在是时候审视每个人的共同挑战，并且分享如何正面应对挑战的办法了。在这个过程中，我们将发现私董会小组和企业团队之间有越来越多的相似之处，同时将深入"同道创力"的核心。

第 7 章
共同挑战及应对方式

团队合作是一起努力实现共同愿景的能力。将个人成就导向组织目标的能力，是让普通人完成不同寻常成果的能量①。

——安德鲁·卡内基（Andrew Carnegie）

私董会是一套体系，一套任何团体都能践行的体系。它不拘泥于固定的形式，而在于思维的碰撞；它不在乎讨论的范畴，而着眼于讨论的质量；它不受时间和空间的局限，而关注思考的系统性。

——麦克·伯恩斯（Mike Burns AGS 创始合伙人，飞跃进取®认证亚太区独家代表）

我热衷于这样的想法，我的私董会工作坊能量及其与团队的关联性在于我没有做任何预先的评估。我不是以顾问的身份去参加会议，而只是运用这五大因素作为框架来引导人们进行对话。他们根据自己的期望和愿景得出结论。关于这一点有两个原因：

首先，我是抱着学习的心态，而不是该领域专家的心态来对待这场工作坊的。了解我的人会告诉你，如果听到有人自称专家，我是会生气的。如果有人想这么称呼你，那就随便他们吧。但我认识的真正的专家

---

① "A Quote by Andrew Carnegie," Goodreads, accessed June 2, 2020, https://www.goodreads.com/quotes/251192-teamwork-is-the-ability-to-work-together-toward-a common.

仍然在各自的学科里保持着学生的心态，从来没有把专家的名誉扣在自己头上。这就是他们有着不断提升的专业知识和保持优势的原因。

其次，身为一名私董会成员或企业团队成员绝不能作壁上观。我的工作坊不是让成员被动地坐下来接受教育。我的角色是启发他们得出自己的结论，并相互做出承诺，而且这样的承诺经得起时间的考验。如果以其他方式来开展工作坊，那就会同我努力倡导的前提——"同道神力"大相径庭。

工作坊的概要

首先，我会做45分钟的演讲，为正常的工作坊设定基调。在这场演讲中，我会讲述无处不在的同侪影响，以及它从我们出生以来是如何在我们生命中发挥作用的。通过挖掘现场听众的生活经验、分享故事和提供数据，我证明同侪优势是一种值得利用的力量。

同侪优势就是带有目的性的同侪影响。也就是说，如果你希望借助这股强大的力量，对你花时间与之相处的人进行更有选择性、战略性和结构性的调整，那应该怎么办呢？那会是什么样的情形呢？我们会一同分析同侪优势能产生什么，目的是帮助成员从集体活动中尽可能"人道"地榨取每一丝价值。我通过邀请他们探索这五大因素，明确他们在各自领域的表现，并厘清可以改进的方法。

在工作坊的下一阶段，成员们逐一审视每个因素。他们根据对每个因素的期望，以及希望作为个人及其所在的组织在每个因素上实现的目标，将最理想的状态设定为满分10分。接着，在建立了理想模型之后，他们评估了各自当前的状态（评分为1～10分），明确弥合各个因素之间的差距需要采取什么措施。换句话说就是，为了达到10分，我们还需要做些什么？

在工作坊的最后一部分，成员们会制订行动计划，以达到理想的状态，并最终从经验中得到更大的价值。同私董会小组一样，这五大因素对跨职能团队以及部门团队一样有用。考虑到我们目前面临的挑战,尤其是在后新冠疫情的世界中,我认为分享这项工作对当今的组织至关重要。

普遍结果

以下你会看到,私董会小组是如何以 1～10 分的比例排列五大因素的(图13)。请记住,这些分值都是相对数值,不一定适用于不同小组的类比,这就是它们以小组自评的形式呈现的原因。例如,一个将生产力评定为 8.5 分的小组并不一定比另一个自评为 7 分的小组具有更高的生产力。每个私董会小组的评级是基于各自成员对小组的期望和他们在指标上打分高低的倾向,所以是很个性化的。总体而言,虽然在本书中我没有点名某个私董会小组,但从每个因素的模式(最常见的分值)和大多数(如果不是全部)小组中明显存在的挑战来看,我们还有很多东西需要学习。

> **深度发现**
>
> 私董会成员关于五大因素的评价(1～10 分):
> - 第一大因素:正确的人(7.5 分)
> - 第二大因素:心理安全感(9.5 分)
>   (当我询问成员利用这一因素的水平时,分数回到了 6.5 分)
> - 第三大因素:生产力(7 分)
> - 第四大因素:担责文化(6.5 分)
> - 第五大因素:领导力(8 分)
>
> 注:此项分数为各私董会小组关于上述五大因素最常用的评价。

图 13　每个因素的综合排名

图 14 按各个因素列出了最常见的挑战。我们逐个分析,看看部分私董会领导和成员是如何应对挑战的。如果你的小组也经历着类似的挑战,希望你能从中找到一些想法来解决这个问题。

第 7 章 共同挑战及应对方式

> **深度发现**
>
> 私董会小组五大因素的常见挑战：
>
> - 正确的人：成员人数不足，缺乏多样性，参会率、会前准备和投入程度都较低。
> - 心理安全感：某位成员不愿或不能利用安全的会议场域是由于其聆听和分享的习惯以及与其他成员缺乏友情。
> - 生产力：成员没有准备足够的议题。"问题处理流程"有时过于冗长，有时却过于仓促（原因是澄清类问题不足）。
> - 担责文化："问题处理流程"产生的行动承诺跟进不力，参会率、会前准备和投入程度也相应较低。
> - 领导力：成员的挑战不足。

图 14　每个因素的共同挑战

确认和招募合适的私董会成员面临的挑战

如果你相信私董会小组成员越多越好，那没有错，只是请记住，不要去尝试组建一个庞大的小组。如果小组有 16 位成员，而当天只有 10 位参会，那么至少你有足够的参会人数使会议讨论产生结果。这种想法其实是错误的，因为出席情况的不一致会阻碍私董会小组发挥其最大的潜力。

尽管成员可能时不时地错过某次会议，但大家的期望应该是：成员为参会做好准备，出席会议，并全身心地投入会议中。如果一位成员缺席会议，就会损害整个小组的能量。大家还记得理查德的故事吗？或者你能想象在一支伟大的体育运动队里，训练是可有可无的吗？不论你觉得该有多少理想的成员，拥有坚守承诺的人就是拥有正确的人。当然，寻找这些成员可能是一个挑战。

谁应该在小组里？我已经和很多 7 人小组谈过了，他们希望增加成员，这样可以增多当前小组缺乏的多样性观点。成员多样性的含义有很多，包括不同的行业、实践领域、种族、年龄、性别等。例如，他们可能希望增加更多的女性成员或代表制造业、专业服务或医疗保健业的成员。在自我运作的私董会小组中，成员通常想要那些能反映当地社区人口和经济特性的成员，但小组可能难以招募到想要的成员。

多样性和包容性是否足够？价值观以及将这些价值观践行到生活中的具体行为都是一个私董会小组文化的核心。将体现性别和种族多样性或代表理想行业的成员添加到小组中，不一定会使这个小组变得更强大。新成员还必须秉承现有成员所尊崇的价值观，同时认可这是为该小组带来价值的必要条件。

小组行动项目

在举办工作坊的过程中，我抓住了小组如何在拥有最合适的成员方面达到满分的内容要点。他们就小组成员的人数、理想组合，以及共同秉承的重要价值观达成一致。我建议他们在一次私董会上安排议程，以进一步明确大家所希望达到的理想状态，并制订拥有明确时间和共同责任的行动计划。

与添加新成员相比，反复进行这项练习能带来更大的价值。每当会员讨论对新成员共同价值观的期望时，他们都会含蓄地向其他成员承诺自己将如何为小组带来价值。单单这一行为就能帮助许多私董会小组快速提高绩效。

如何扫清心理安全感的障碍

（1）拥有安全保密的环境：仅仅拥有安全保密的环境，并不意味着每个人都会最大限度地发挥自己的潜力。拥有安全保密的环境是一回事，激励成员充分利用环境则是另一回事。我们生活在这样一个世界里，无论是在个人生活中，还是在社交媒体上，我们常常被曝光在所有人的聚光灯下。当一件事情在每个人看来都很好时，我们往往很难发现自己还

第 7 章 共同挑战及应对方式

不知道些什么,或者很难说出我们内心忌惮的即将面临的挑战。我们分享生活中真正发生的事情,而不是别人希望看到的事情。因此,让私董会小组利用安全保密环境的能力可能是一项艰巨的任务,需要不断地关注。

(2)谈论公事与私事:我发现私董会成员能够自然放松地谈论企业和个人的话题,这是很罕见的。人们可能认为,作为以企业为中心的私董会小组的一部分,分享公司面临的挑战是成员加入小组的重要原因。新成员往往会对那些(至少在一段时间内)主导讨论个人问题的私董会小组感到惊讶,原因是这些问题会影响成员的工作表现。有趣的是,成员会公开谈论自己儿子的毒品问题或配偶的消费习惯,却不太情愿承认自己在工作中犯了错误,或者承认自己对公司的业务一无所知。所以说,没有公司的"你"和个人生活的"你"之分,你就是"你"。你越把自己整个带到私董会小组里,对每个成员就越有价值。

(3)倾听:相比具备良好分享习惯的成员,人们倾向于同具备良好倾听习惯的成员进行分享。虽然这两种习惯都很重要,但倾听往往是被忽视的一项技能。所以,人们并不总是擅长倾听。它对安全环境的影响与某位成员是否能回忆起刚才别人的讲话并无关联。但问题是,人们倾听的程度是否与当下的场域相匹配?如果整个会议室的人都在查阅手机短信或遥望窗外,那就不会有成员愿意把自己内心深处的东西分享出来。缺乏关注是安全保密环境被逐渐破坏的开始。

(4)共创合作:成员说,尽管他们每个月都会看到其他成员参加私董会(假定整个小组的参会率很高,所以这是很重要的原因),但他们还是觉得自己不了解他们,所以无法充分打开自己,无法毫无保留地分享自己的企业和个人遇到的挑战。如果要提高成员的投入程度,除了每个月举行小组会议,可能还需要更多的时间。

(5)遵守保密原则:如前文所述,大多数私董会小组在遵守保密原则方面做得非常出色,但这并不是理所当然的。有时,某位成员一不小心,就可能不经意地损害小组的保密原则。每当一个新成员加入小组时,保密程度就会随之下降一些，直到老成员更好地了解新成员，新成员也赢得小组的信任后才逐渐恢复。

创造心理安全感的常见方法

我们中的大多数人根本没有会话工具或充分利用心理安全环境的能力。克雷格·韦伯关于会话能力的研究指出，私董会小组或企业团队有能力针对困难的话题进行公开、平衡、非防御性的对话。① 交谈能力可以激发信任感，而信任感越强，我们的谈话能力就越有可能变得强大。

对企业和个人所面临的挑战都持开放态度是一种自我解放。我们越愿意分享生活中发生的事情，就越能让同侪为我们做出积极的改变。尽管这样说，我们每个人在这方面也不可能达成同样的步调。而这种不同之处在于，我们必须理解那些倾向于分享的人和认同更为隐私的人。

如果你是一名分享者，那么请保持这个状态，并为其他人树立榜样；如果你不是，那就小步前进。虽然这些微小的步骤可能会把你从以前的舒适区中拉出来，但这会帮助你创造新的舒适圈。树立良好的分享习惯可以为他人树立积极的榜样，但请记住，倾听者是创造保密安全环境的人。

共创合作在小组会的议程之外，同小组成员一起合作，高度共创合作的私董会小组在这方面尤其擅长。他们每年举行年度会议，也会在会议外组成三人小组或更小的团队一起工作，或者通过安排社交活动（有时会带上配偶）来建立更深的联系。非正式聚会有助于建立情感纽带，这不仅可以帮助我们厘清我们所知道的，还可以帮助我们了解我们是谁以及我们的感受。社交聚会是定期举行的小组会议的最佳实践补充。

在正式的私董会之外，成员可能会随意地讨论机密的话题。这时就

---

① Craig Weber, "What Is Conversational Capacity, and Why Does It Matter?" The Weber Consulting Group (April 15, 2014), accessed May 7, 2020, https://www.weberconsultinggroup.net/what-is-conversational-capacity-and-why-does-it-matter/.

需要谨记，如果你和某位朋友不经意地说了某件事，而这位朋友又很随意地和其他人提起这件事，那这件事很快就会传开，不再是秘密。因此，在会议室里（或在 ZOOM 线上会议室中）谈到的事情应该保密，不得外传。

如何最大限度地提高小组的生产力

（1）做好会前准备：大家还记得那位成员海伦吗？海伦对小组会前准备工作的承诺让她在每个月的会议上的表现都优于其他成员。（希望到目前为止，她的组员还以她为榜样）这是富有生产力的私董会小组成员的特征之一，它涉及五大因素中的各个因素。如果每位成员都能做好会前准备，那么每个人都会受益。如果我们没有做好会前准备，那谁希望被放到热锅上？这样会觉得很不安全吧？你无法分享你没有准备的东西，而且很难期望其他成员会准备好。而那些没有树立良好榜样，做好会前准备的私董会小组领导者就更不必去招募其他成员了。

（2）拥有耐心：有时候在生活中，慢即是快。① 当我第一次听到这个概念时，它让我回想起曾经收到过的一件需要自己组装的物件。当时，我没有花时间去读那本复杂的安装指南，而是直接上手。结果，我不得不多次返工。我要么按错误的顺序组装零件，剩下一堆看起来不太重要的零件，要么在用力安装时就弄坏它们（有时上述两种情况同时发生）。多次尝试失败后，我终于默默地接受了现实，开始阅读安装指南并一步步完成安装。

私董会小组讨论一个复杂的问题时也是如此，具体表现在讨论过程中跳过了应该完成的步骤，而跳过步骤往往会使整个讨论过程拖得更长。更糟糕的是，你帮成员就一个错误的问题想出了正确的答案。这就使得作为公司里解决问题的人，CEO 和企业高管往往会过早地跳到最后环节。

---

① Peter M. Senge, *The Fifth Discipline*: *The Art and Practice of the Learning Organization* (New York: Doubleday/Currency, 1990), p. 3.

（3）跟进学习：如果一位成员做出承诺——根据与小组的对话结果采取行动，但后续没有同小组保持跟进，那就不仅缺乏担责精神，更失去了一次学习的机会。如果我向小组成员保证，会采取一项具体行动，一旦我采取这项行动，它会产生一些（积极或消极的）结果，这是我们在之前的谈话中没有预料到的，那我就有责任来同大家分享。请记住，"我们"的力量从"我"开始。

（4）充分利用想象力：同任何私董会小组或企业团队一样，成员在具有挑战性的问题上的互动过程是有益的（问题处理流程），但它并不适用于所有的事情。过于频繁地依赖整个流程往往会阻碍成员共享会议过程中的智慧和情感。系统性思考的方法会帮助你发现这一点，即充分利用想象力也会使会议变得更有趣，进而提高参会率。原因是什么呢？因为会议进行得越好，人们就越不想错过它。你可以对缺席会议的小组成员处以强制性的罚款，但整个会议仍然会陷入无聊的状态中。相反，应该让会议成为一种不容错过的体验，虽然始终如一地实现后者可能更具挑战性，但这是更可靠、更具持续性的方法。

如何让私董会小组更具生产力

让我们从会前准备开始。只有一件事可以让私董会小组或企业团队充分发挥作用，那就是充分做好会前准备，这是真正影响全局的因素。请反思一下你参加过的最好和最糟的会议。我可以打赌，那些取得重要成果的会议都有会前准备充分的与会者参加。会前准备可以聚焦注意力，同时为更精确的问题、更强的洞察力和更有效的收获奠定基础，所有这些都可以在短时间内完成。

会前准备也是一条双向道。假设我计划把一个复杂的问题带到某一次私董会小组会议中，这不仅意味着我应该准备介绍资料，还必须向其他成员提供这个问题的背景信息。这样，成员在会议开始前就会对我的主题有基本的了解。即使我已经做好了会前准备，但如果我不支持其他人做好会前准备，那么在会议开始时，我也需要花 20 分钟把这些信息分享给其他成员。

针对其他成员的会前准备，可以让他们有时间根据自己的经验反思，回顾与你的问题相关的内容，这将支持他们更好地分享。尽管任何小组会议的议程都可以改变，但务必提前检查议程，然后告诉自己，你需要为即将发生的对话做好准备，把你最好的状态带到小组会议中。

耐心的同义词是倾听，它同时带有精确的问题框架，且不在完整理解整个故事前提供解决方案。私董会小组帮助 CEO 提出有力的问题。这其实同我们个人生活中的经历没有太大的不同。如一个朋友打电话分享他可能面临的困境。听到事情的最初描述后，我不会立即说出解决方案。我会提出问题，澄清相关的情况，也会问他做了些什么。最重要的是，不要假设他所希望的结果和原因。虽然我也会分享一些相关的经验，但我希望谈话的结果不是由我来提供解决方案，而是引导他做出一个令他满意的决定，一个专属于他的决定。你提问题的时间越长，正确的选择就越有可能更快地浮出水面。

会前准备跟进，跟进激励学习。你阅读上一次小组会议的笔记，为下一次会议做准备时，将有充分的时间反思你上次的谈话。如果你真正关心那些对话的成果，就会准备问其他有力的问题。

我发现，当谈论主持小组会议和尝试用不同的工具更有效地促进高绩效对话时，许多私董会教练都会有很强的想象力。不过正如前章所述，私董会会员不能作壁上观。成员应该自由地以各种方式获得智慧。以下是部分常用的建议：

（1）提出"假如……会怎么样？"的问题：假如一家看上去不太可能的竞争对手扰乱了我公司的业务，会怎么样呢？如果另一场流行病大暴发呢？提出这些问题和为这些设想做准备不仅对你有价值，而且对小组里的每一位成员也很重要。2008 年金融危机之后，世界各地的私董会成员都称赞私董会小组帮助他们的企业生存下来并且茁壮成长，而他们的许多竞争对手却破产了。正如一位私董会成员告诉我的："不是我的公司管理

得更好，而是我的私董会小组帮我做了更完善的准备。"

（2）质疑答案：有时私董会成员并非通过回答你的问题，而是通过质疑你的答案来给你带来价值。如果你做了一个艰难的决策，即使你的私董会小组没有参与整个决策过程，但你相信决策形成的过程可能对其他成员有启发性，那么就花点时间分享它。更棒的一点是，如果你还没有实施这个决策，那么现在就是问"我错过了什么"的最佳时机。

（3）公开演讲：如果你将要进行一场重要的公开演讲，听众可能会是你的员工、董事会，或是一家重要的客户，那么你可以考虑请你的私董会成员来担任听众的角色。你同小组成员一起预演这场演讲，会为你和其他人带来价值。每次观摩这个环节，我发现演讲的成员都得到了教练精彩的指导，参会的所有成员都会记住他们下次遇到类似的事情时应该做什么，不应该做什么。这是巨大的双赢。

（4）角色扮演：想象一下，你可能需要同客户或员工进行一场艰苦的会谈。你可以同一位成员进行角色扮演，从而为真实场景中的交流遣词造句和调节情绪。通过这个环节，你也获得了练习的机会，并在此过程中接受了教练指导，其他成员也获得了价值。

如何建立担责文化

（1）认识心理安全感与担责的关系：我们在心理安全感和自我担责能力之间的关联性上认知的经历是不够的。真正的挑战在于如何借助担责文化来提升小组的安全保密性，并反过来借助安全保密性增强成员之间的担责意识，使其成为私董会小组文化结构的一部分。

（2）对共同价值观的担责：当你要求私董会小组成员来定义小组担责文化时，他们总会指向那些遵守承诺的成员。尽管这只是其中的一部分，但他们总是不厌其烦地力求其他成员为共同的价值观和行为担责。这些共同的价值观可能包括积极参会、会前准备、全情投入、学习而不评判、保密、接受担责、保持透明、挑战他人、以开放的心态面对挑战。

这就是缺乏担责意识和无法充分运用现有的心理安全感会阻碍私董会小组成长的原因。

（3）建立适当的机制：太多的私董会小组缺乏成员持续问责的机制，而且他们不清楚可以采用哪些工具。

<h2 style="text-align:center;">如何使成员之间的相互担责成为可能</h2>

建立成员之间的担责文化是一项挑战，其原因有很多。首先，私董会小组的教练不应该在成员之间强加问责文化。其次，成员应该如何定义对自己担责？具体是怎样的状态？最后，成员之间的担责文化如果不是通过教练，那么应该从何而来？

回想一下第6章中的领导力"三位一体"模型，它是基于这样的设定，即教练、小组和成员都要承担你希望团队所拥有的任何属性，包括担责文化。教练处于"三位一体"的顶端，并不一定意味着这个属性就是由教练开始的。试想，如果某位私董会教练是成员之间担责文化的执行者，那么这几乎是自相矛盾的。想要理解教练是如何发挥支持者而非执行者的角色的，详见图15。

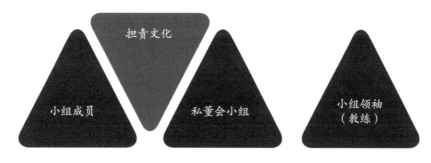

图15　小组担责模式

要正确理解成员之间担责发生的顺序，就要从三角关系中去掉顶部即教练，并将其放在最右边，而担责仍然应该停留在成员和小组之间的位置。这个模型有效的两个原因是：①相信"我们"的力量从"我"开始的成员会接受担责文化是自己的责任；②一旦成员承担了这一角色，他们就会在小组的支持下启动担责对话。

这样推演一下：如果我带着某个特定的挑战去寻求小组的帮助，在小组会议交谈之后，我承诺采取具体的行动，那就应该由我负责分享整个事件的发展状态。如果没有其他原因，我会处于对小组的感谢而分享这个事件的状态中。如果我在去开会的路上因为一些事情分心而没有在会议上更新整个事件的状态，另一位成员（很可能是一位做好会前准备的成员）就可能会要求我进行分享。如果我没有主动更新，小组成员也没人要求我分享，那么私董会教练将扮演后援角色。教练会温柔地（或不那么温柔地）提醒整个小组不要忘记自己的承诺。成员之间的相互担责表现在个人和小组的关系中。私董会小组应对共同的挑战取决于其成员，以及他们希望担责文化所能达到的深度和广度。

如何挑战领导力

（1）挑战成员：私董会成员对其教练反馈得最频繁的是，希望教练对他们提出更多的挑战。这并不意味着教练已经不再挑战成员，正如前面所说的，高绩效的人渴望被挑战，他们希望得到教练的指导。

（2）跟进：成员希望教练能够支持同侪间行动承诺的跟进，并让教练在小组会议期间为此专门留出时间。教练的主要作用是支持成员相互赋能，而不是代劳。寻找对整个小组有帮助的会议议程、技术和策略也很具挑战意义，新成员加入时尤其如此。

（3）会前准备支持：成员明白会前准备的必要性，但他们不能独自完成这项任务。当然，成员肯定也会阅读资料，与其他成员谈话，将一次又一次的会议联结起来。但推动会议议程的是教练，成员需要支持未来会议的准备工作。

（4）遴选演讲主题：许多私董会小组会邀请演讲人，分享实时且有价值的内容，帮助成员发展各自的企业。成员希望可以参与演讲主题的遴选，帮助教练在各个提议分享的主题中选择最佳的思想领袖和演讲人。

本章小结

通过分享私董会小组的工作坊，你可以将同侪优势转换成你的优势，并在私董会小组和企业团队中努力践行五大因素。对共同挑战有了更清晰的理解，我们就很容易厘清私董会小组和企业团队之间的相似之处，也会认识到私董会小组是 CEO 和企业高管具有实践意义的修炼场。

下章简介

通过本章内容，我们已经理解了挑战的意义，并分享了部分私董会小组面对挑战的方式，现在，是时候向你展示如何将这些内容同建立高绩效团队结合起来，开始从"我"到"我们"的旅程了。

第 8 章
"同道创力"对团队的意义

团队合作的好处是,你身边总有其他人支持你。①

——玛格丽特·卡尔蒂(Margaret Carty)

怀揣理想,收起行囊,我们来一同开启这场领导力之旅吧。最终的结果在哪里,现在还不得而知,但是旅程中一定会有艰辛和挑战,也一定会有喜悦和成长……

——谭乐庭(悠珊科技 ccdigts 联合创始人)

20 世纪 90 年代末,我完成了人生的第一场马拉松。当时我就想着,人一生至少要跑一次马拉松,而且跑一次就够了。当然,在接下来的几年中,出于这样那样的原因,我又完成了 12 场马拉松,并由此度过了一段美妙的时光。比起马拉松本身,我更喜欢训练项目体现的纪律感,一次马拉松通常从训练第一天到比赛日为期 18 周。

当时,我参加了哈尔·希登(Hal Higdon)的马拉松训练计划。我一生中最兴奋的事情之一就是和他一起去佛罗里达东北部的海滩上进行 3 英里跑。今天,哈尔已经 88 岁,写了 34 本书,完成了 110 多次马拉松长跑。我想起这位老伙计的原因是,如果要参加他的训练计划,就必须达

---

① "A Quote by Margaret Carty." Goodreads, accessed June 2, 2020, https://www.goodreads.com/quotes/369899-the-nice-thing-about-teamwork-is-that-you-always-have.

第 8 章 "同道创力"对团队的意义

到一定的体能水平,包括在训练开始前就能跑至少 7 英里。"同道创力"也是如此。你不可能一时兴起,从沙发上跳起来,一头扎进"同道创力"中。你必须进行分析评估和预先准备,才能决定是否把"同道创力"带到你的组织中来。其具体原因,请由我来一一解释。

准备开始

如果你希望将"同道创力"带到自己的组织中践行,那么请注意,我为私董会小组和企业团队所做的准备工作是有所不同的。首先,人们在当今企业中发现的文化差异比我参访 CEO 私董会小组时所观察到的要大得多。引用本书第 6 章中描述的戴夫·洛根的 5 个文化阶段理论,我认为无论由哪个私董会机构运营还是由哪些教练领导,多数私董会小组现在还处在第四阶段。这就意味着,根据洛根的研究,当今大约 3/4 的企业要接受"同道创力"相当具有挑战性。

如果企业处在第五阶段,即"生命是伟大的",就会践行自己的"同道创力",还会推动扩宽整个体系的边界。然而,处在第一到第三阶段的企业更容易表现出"命令与控制"型的领导风格。在大多数情况下,处于这些文化阶段的企业将与"同道创力"产生矛盾,因为它们在"同道创力"必需的五大因素中的各个方面都不合格。如果你想进入第四阶段,为企业创造安全的环境,让员工有机会发声,那就开始吧。请允许我为你和你的员工分享以下结构,它能够帮助你评估所在企业文化的健康程度,同时为将"同道创力"引入你的工作场所做好准备。

倾听分享的架构

大约 10 年前,我为在凤凰城举行的西顿大学研讨会做了一场简短的推介活动,其中包括为到场的高管准备的一场主旨演讲。演讲的主题是"向权力说真话",并介绍了这个主题的简要历史,包括从公元前 442 年索福克勒斯（古希腊悲剧诗人）叙述的"杀死信使"的故事到已故的沃伦·本尼斯的伟大事业，本尼斯曾经为民主党和共和党的总统担任顾问，服务过从肯尼迪到里根的每一届总统。

虽然关于领导力的书籍不计其数，但相比之下，真正讲述追随力的书籍却少之又少。在谈到后续行动时，本尼斯写道："在一个日益复杂的世界里，领导者越发依赖他们下属提供的有质量的信息，无论领导人是否喜欢这些信息。讲真话的追随者和听真话的领导者是无与伦比的组合。"①

"同道创力"的生根发芽，很重要的一点是把它植入企业文化中，本尼斯在上文中所描述的无与伦比的组合至少应该被设定为 CEO 的一个理想目标。以下你看到的 20 点结构中的前 10 点是在 2010 年开发的，而后 10 点是在 2019 年完成的。我们希望能够解释这个现象，即听众创造了安全的环境，而 CEO 则会塑造其愿景中理想的倾听行为。为什么会这样呢？因为如我们所知，CEO 是团队的一分子，而不是游离于团队之外。对权力说真话需要所有对话参与者具有勇气和谦卑心。对某个极具挑战的问题进行极富成效的对话需要企业员工和 CEO 具备什么样的素质呢？

以下是我 2010 年在西顿大学研讨会上向企业员工提出的简短版本的建议：

（1）相信自己：对你的专业知识、对形势的理解以及即将提出的建议有信心。

（2）把分享你的专业判断作为自己的责任：这就是你的本职工作。

（3）了解你的听众：以引人入胜的方式组织语言，让自己能够被最好地倾听。

（4）做好准备：为所有可能的问题做好准备，如果你要提出某个想法或建议某项行动，就得做好准备去捍卫它。

---

① Warren Bennis, "Followers Who Tell the Truth Indispensable to Top Leaders," Sun Sentinel（October 6, 2018）, accessed May 12, 2020, https://www.sun-sentinel.com/news/fl-xpm-1990-02-18-9001250151-story.html.

（5）简洁地表达观点：不要陷入细节中，要提出要点，并辅之以证据支持，而不是反着来。

（6）出于更广大集体的利益，而不是为了一己私利：把对权力说真话当作企业层面的指令，而非个人命令。

（7）坚持到底：用激情传递你的信息，确保大家可以清楚地理解你的意思，而不要拘泥于繁文缛节。

（8）耐心一点：你可能无法立即得到反馈，所以要给 CEO 一段时间去反复思考你说的话。

（9）坏消息最好由你传达，而不是由外部传进公司。

（10）相信你的领导层：如果 CEO 不接受你的推荐方案，那么请理解他觉察到了你在当下的视角，而你也应该相信对方的视角。

2019 年，我创建了以下 10 点结构，形成了指南，帮助 CEO 创造心理安全感，支持员工说出真话：

（1）相信你的人：相信他们来找你时，会根据自己的专业知识和优势给你最好的判断。

（2）当初雇用他们是有理有据的，并不是来保持安静的：你需要他们随时将自己最好的想法说出来。这一点完全不会令人气馁，而是值得赞扬的。

（3）了解你的员工：留意你的员工为什么要来找你。

（4）耐心一点：向 CEO（或任何领导者）说实话可能会面临很大的压力，请给他们 10 秒钟的时间准备。

（5）以开放的思维聆听：花点时间充分理解他们分享的观点，以及他们为什么对此抱有如此强烈的情感。

（6）聆听之后，用欣赏的探索式问题来了解更多的细节：无论在什么情况下，CEO 都应该以正向支持的方式来审视员工的位置，不让他们处于防御的状态。

（7）默认员工的动机是为了更广泛的利益，而不是出于个人私利：充分给予员工无过失假设是至关重要的。如果他们是出于私利行事，那

么无须另请脑外科专家，CEO 应该立即发现这一点。

（8）不要有压力，必须当下做出回应：感谢员工来找你。如果你需要时间更好地思考和收集更多的信息，那就去实施。同时，尽可能与这位员工保持同步分享。

（9）如果这是坏消息，感谢员工和你分享：你最好先从公司内部听到坏消息，而不是被外来的坏消息突然袭击。

（10）既然你建议员工相信你，就请记住他们所拥有的独特视角：他们正在根据各自掌握的信息给你推荐最好的方案。这是一份礼物，请告诉员工你多么感激他。

如果你相信作为 CEO 可以为自己和其他领导创造这样的环境激发对话（或者你已经做到），那么你已经为这个项目做好准备。

关于后果

在公司内部测试心理安全感边界的团队成员可能会面临相应的后果，而对于私董会成员来说，这是不存在的。私董会成员没有报酬，也无法从小组中得到晋升或遭到降级（至少不太经常发生这样的情况）。虽然你想创建一种透明的、分享的企业文化，但如果员工提出一些棘手的问题或分享一个不受欢迎的想法，会使他们付出经济或企业地位的代价，那么他们是不会相信你的。

我曾多次分享这个故事，很难想象还有比艾伦·穆拉利（Alan Mulally）在福特汽车公司任 CEO 期间的故事更有力的证明了。穆拉利召集高级管理团队会议时，团队成员汇报各自分管部分的工作情况。如果一切正常，他们会汇报说现在是绿灯；如果有预警情况，则会亮起黄灯；而如果有了麻烦，他们会汇报红灯。实际上，福特公司当时已经亏损 170 亿美元，而领导团队汇报公司的状态时，都汇报自己的工作一切正常：绿灯。试想一下，CEO 刚刚接管了一家亏损 170 亿美元的公司，却从高管团队那里得到反馈—— 一切都在向正确的方向全速前进，世界上还有比这更坏的消息吗？

在穆拉利接管公司之前，福特汽车公司的文化是不能容忍公开承认问题存在的，承认自己无法处理问题就意味着要离开公司。尽管穆拉利鼓励他的团队开诚布公，但他们仍无法做到这一点。直到有一天，一位高管举起手说："嘿！我这里有个问题，我需要一些建议。"

穆拉利立即起身鼓掌，然后团队一起解决这位高管的问题。营造心理安全感需要双方投入时间、耐心和努力，随着时间的推移，人们会实现前所未有的合作。顺便说一句，福特汽车公司的业绩从此有了大幅度的改善，而勇敢承认自己有问题，需要由团队解决的那位高管后来接替穆拉利，担任福特汽车公司的 CEO。

个人成就和集体协作成果的差异

私董会小组和企业团队合作的显著差异在于这些差异产生的原因，以及在不同场域中，"同道创力"意味着什么。私董会小组召开会议，帮助成员实现各自的目标，而企业团队为了实现集体目标或共创产品而一起努力。当一群经过精心遴选的人聚在一起，拥有共同的目标和价值观，共同努力使彼此变得更好，创造出比自身更伟大的成就时，"同道创力"就实现了。

对于私董会小组而言，在赋能他人和改变他人生活方面，创造"比自身更伟大"的成就不同于企业团队生产一件人人都可以直接分享的产品。前者的含义是给予比接受更好，因为给予他人会收获满足感和回报。后者则概括了哈里·S. 杜鲁门（Harry S. Truman）的名言："如果你不在乎谁将获得荣誉，任何你能实现的成就都是令人称奇的。"[①] 对于团队来说，这是信任的开始而非终结。人的本性是希望在团队胜利中放大自己的角色作用，而组织认可和金钱奖励只会加剧这个问题。如果希望创建

---

① "Harry S. Truman Quotes，" Brainy Quote，accessed May 12，2020，https：//www.brainyquote. com/quotes/harry_s_truman_109615. 155.

共享成就的团队文化,就会涉及从个人自律到公司制度设计的每一个层面,进而形成"同道创力"。

将私董会小组的发现实践于企业团队

尽管存在一些显著的差异,但我相信你已经把私董会小组的相关调查研究结果以及它们如何应用于自己的企业联系起来。现在,让我们逐一回顾这些挑战。

1. **正确的人**

你研究高绩效私董会招募合适成员的常见挑战时,会发现这与聘请合适的人来填补企业职位同样艰巨。无论你进行多少轮面试或评估,都很难找到那些充满激情并致力于在实现企业目标方面发挥最佳水平的人。然而,有多少企业制订了可以消除不符合你企业的"人才模型",但可以为团队带来非凡的智慧和技能的招聘标准?

私董会小组招募成员困难是因为潜在成员稀缺,而企业招聘人才极具挑战是因为人力市场有丰富的人才供给。对于企业而言,招聘通常是一个"两步走"的过程,即淘汰的过程和选择的过程。在淘汰的过程中,企业的目标是从400份简历中尽可能地以人道主义精神做排除法。但通常情况下,这个过程根本没有人性可言,它只是关键词搜索而已。当你进入选拔过程中,在淘汰了无数原本可能是你团队中伟大的补充候选人之后,此时此刻的你和私董会的领导一样,已经是凤毛麟角。因此,在实现专业多样性和文化契合度方面,未来的团队可能会面临一定的挑战。

2. **心理安全感**

私董会小组可能会在创造安全保密的环境,以及如何让成员充分利用此环境方面存在挑战,但企业团队往往从一开始就缺乏心理安全感。公平地说,为企业团队创造心理安全感往往更费力,甚至在某些企业文化中,这几乎是不可能的。等级制度,敢于说实话、说真话所要承担的风险以及遭遇的后果都是重要原因。(这就是我要介绍前期工作概念的原因）招聘合适的员工是一个烦琐而又昂贵的过程，是一个令人难以置信的过程，不是吗？发现并雇用完美的员工，然后把他们放进盒子里，不允许他们把自己独特的见解和禀赋带入组织中，他们只是充当一个普通的齿轮。当这样的员工和CEO加入私董会小组时，他们会发现相互分享竟如此具有挑战性，其他打开自我的成员亦如此知无不言、言无不尽。

3. 生产力

现在，你已经拥有这些才华横溢的员工，他们也正处在人人都能感受到更高水平的心理安全感的环境之中。那么，你怎么知道他们是否已经发挥最大可能的生产力呢？由于新冠疫情的影响，2020年在家工作的人数陡增，这也为合作和提高生产力带来了全新的启示。如果你每天不必在通勤上花费两小时，那么一天的时间就相应增加了，这会发生什么？如果人们更频繁地在家工作，就相当于邀请同事通过线上工具来访，这又会发生什么？我们共同的人性部分会创造更多的合作，并且提高生产力吗？我们被迫处在这样的现实状态中，但也可以从中学习。我们应做好准备，耐心地合作，并且相互跟进，相互学习。对团队而言，"更慢"也意味着"更快"。

4. 担责文化

企业团队成员通常会做一件事——进攻或防守。在担责方面，你希望他们尽可能地"进攻"。优秀的员工和世界级的运动员通常将自己对标经理或教练。他们就是你希望团队拥有的人选。他们会竭尽全力，最重要的是，他们喜欢被挑战，被教练。你可以创立价值观和行为的共同承诺，然后让"同道之力"发挥作用，因为他们的能力和责任相互依存。而我们面临的挑战则在于那些习惯防守的员工，他们曾被老板无情地问责，为此我们应支持他们为制订全新的卓越标准负责。

5. 领导力

斯坦福大学著名教育专家琳达·达林-哈蒙德（Linda Darling-Hammond）在2017年的一次播客中提到，当教师们相互合作时，他们会更有效地在课堂上为学生创造相互协作的环境。这一点也适用于CEO和企业领袖。这项被动学习体验是私董会小组成员最大的价值之一。这是你在组织中领导更多合作团队的实践，也是可以应用到公司内部的实践，就像在组织内部的同侪小组（实践领域），不仅能推动更大能级的协作和统一，还可以将此作为机制来进行组织内部学习和发展的资源投入。

展望未来

到现在为止，人们已经在私董会小组中一起学习了相当长的时间。无论是本杰明·富兰克林（Benjamin Franklin）的"秘社"，还是拿破仑·希尔（Napoleon Hill）称之为"流浪汉"的组织［一个包括亨利·福特（Henry Ford，通用汽车创始人）、托马斯·爱迪生（Thomas Edison，发明家和通用电气创始人）、沃伦·G. 哈丁（Warren G. Harding，美国前总统）和哈维·费尔斯通（Harvey Firestone，美国著名实业家）在内的同侪小组］，抑或是1957年由鲍勃·诺思（Bob Nourse，伟事达机构创始人）发起的第一个 TEC 小组，他们的绩效都非常高。我相信，私董会的演变将是未来企业团队成长的先兆。接下来，让我们来研究一下哪些因素会保持一致，哪些因素会发生变化，以及如何将"同道创力"运用到企业团队中。

1. 哪些因素保持一致

无论你的私董会小组如何开会，多久举行一次会议，高绩效小组共有的五大因素都不会发生变化。

（1）正确的人：包括他们的相似点和不同点。私董会小组需要所有成员共享的场域。① 这个场域包括成员是企业的 CEO 或 COO，成员是女性企业家，等等。如果你愿意，它也可以是一个共同的平台或使命。尽管同侪拥有共同的价值观，但他们的差异对整个小组的视角所产生的力

---

① Etienne Wenger-Trayner and Beverly Wenger-Trayner. "Introduction to Communities of Practice," BE Wenger-Trayner, accessed May 12, 2020, https://wenger trayner. com/introduction-to-communities-of-practice/.

量至关重要。成员能够分享各自的成功、失败、偏见和众多的经验。正是这种异同的混合体使私董会小组具有独特的特质和使命。

（2）心理安全感：大量的事实论据支持私董会小组和企业团队的心理安全需求。对私董会小组而言，成员都相信场域环境是安全保密的，大家可以分享观点而不用担心被评判。在小组中，你可以分享敏感的内容。如果小组成员认为场域不安全，他们就无法正常地参与其中。心理安全感对私董会小组就像氧气对人类生存一样重要。

（3）生产力：私董会小组需要进行有价值的互动，从而取得明确具体的成效。如果私董会小组能够有效地保持这种状态，成员就能得到提升。在小组里，成员不断挑战自我，不断对小组安全保密的场域进行压力测试，他们将有分量的问题带回小组"处理"，参与深层对话，以获取积极的成果。

（4）担责文化：效绩最高的私董会小组和企业团队（体育领域或企业领域）具有担责文化。他们对成员应有的状态抱持共同的期望，包括致力于该团队的成功，将自己的最佳状态带到每一次互动中。这是促进团队不断提升的源动力，也是任何希望成为其中一分子的新成员引以为傲的标准。

（5）领导力：它具有很多含义，从有一位训练有素的引导人领导小组讨论，到一位成员来领导小组，或者成员轮换领导小组。无论形式如何，领导力都是一致的，即支持该小组的成功，接受上述各个因素所需担负的责任。

2. 哪些因素会发生变化

尽管五大因素保持不变，但很多具体情况将发生变化（有些甚至已经开始变化）。以下分享一些思考：

（1）更多元的形式：在过去10多年的兼职教授工作中，我发现通过参与面对面和线上学习的课程来实现的教育体验真的很棒。私董会小组和企业团队亦是如此。让我们将同步设置（面对面或线上方式）的自发性交流与非同步在线体验过程中发生的深度对话结合起来，然后静观魔法的产生。上述两种模式都为学生或企业领袖提供相互学习和发展深层纽带的机会。而未来的私董会小组和企业团队将会高度融合这些交流模式。这个趋势的发展不仅会打开全新的视角并迅速扩展影响,还将消除迄今阻碍太多领导人进行这方面交流的空间和时间限制。

(2)会议频次和时长:固定的每月全天或半天的会议模式正在和频次更多且时长更短的会议形式相融合。(许多传统的私董会小组已经调整模式,至少当前可以暂时帮助其成员度过疫情时期)尽管CEO和企业家对整天或半天离开办公室来观察自己的公司,而不必沉陷其中仍然有不同的看法,但私董会小组模式带来的便利性是有价值的。如果你参加两个私董会小组,而不是两者取其一,你便会发现其中的价值。通过上述混合模型,你将看到更多面对面会议的频次变得越来越低(比如一年几次)。而在线视频会议将更频繁地举行,可能是一个月两次,每次最多90分钟到2小时。网络会话视频平台(如Circles)的进步将使其变得更加实用。

(3)实用的内容:聘请专家演讲人举行半天或全天工作坊的形式将让位于更有效和更实用的内容分享。例如,想象一下由丹尼尔·戈尔曼(Daniel Goleman)、辛西娅·蒙哥马利(Cynthia Montgomery)和西蒙·斯涅克(Simon Sinek)等大咖主持的时长60分钟,经过特别设计的网络研讨会。其关键是,他们不会只是鹦鹉学舌地介绍自己的著作,而是向小组成员展示如何在现实世界中应用他们的概念。这样的分享模式可以让数百个甚至数千个私董会小组共享内容,大大降低了成本,扩展性也不再受到限制。此外,各私董会小组还将建立机制,增加小组随着时间推移所学到的知识,从而让成员有能力和勇气将这些知识运用到更大的成功中。

(4)更多的非同步参会和学习:用你最好的状态参加每次会议,做好会前准备。成员通过非同步的在线会话程序分享精心准备的纸质、音频和视频资料,也将激励更多的学习和分享行为。这些平台提供了强有力的场域,促进了成果丰富的对话和思考。

第8章 "同道创力"对团队的意义

从"我"到"我们"的旅程

假设你的领导力水平和组织文化已经做好准备,你有意愿、有能力把"同道创力"带到你的组织中,应基于以下10条永恒的真理:

(1) 我们存在于系统中,而不是坐井观天;
(2) 我们每个人都有推理的阶梯和限制我们视角的心智模型;
(3) 我们越以开放的意志攀登另一个人的推理阶梯,我们的视野就越宽广;
(4) 我们的视野越宽广,我们看到和理解的就越多;
(5) 任何个人都无法比所有人更聪明;
(6) 一起学习时,我们学得更好;
(7) 学习成就周期是成长和创新的关键;
(8) 实现强大的学习成就周期涉及五大因素;
(9) 这五大因素不是体系的支柱,而是一个自我强化的循环;
(10) 一个伟大的团队可以完成超凡的任务。

我希望,你对完成非凡的事业充满渴望。完成这样的目标需要承诺找到正确的人,他们对你的企业极富热情,拥抱你所珍视的价值观,并分享多样化的经验,支持你扩宽整个组织的视野。在这个过程中,首先必须努力在各个层级建立心理安全感,营造最大限度提高生产力的场域,鼓励团队成员之间相互担责。从领导力的角度来看,这个过程需要你承诺无私地为团队服务,就像私董会小组成员互相帮助一样。

这套实践将使所有参与者受益,包括员工、客户、股东、供应商、你的家庭以及在你的组织中负有各级责任的其他人。如果你想开始,那就请访问 Peernovation.co/teams,在这个页面上,你会找到一份免费阅读的 PDF 文件,其中有详细的指示,可以帮助你将"同道创力"引入团队中。带着"同道创力"自由奔跑吧!如果你需要帮忙,我倒是认识一个人。

好好享受吧!

后 记

在完成《人人都能做什么》一书后的两年里,无论是个人生活方面还是专业工作方面,我都处于个人探索期。就个人生活而言,我已经越来越习惯于自己成为祖父的奇迹。现在,诺拉(Nora)已经三岁,而本(Ben)才刚过一岁。一切我们能做的,就是为他们创造一个更美好的世界,这是我们比以往任何时候都更高效合作的内驱力。

同时,我也体验到了这个新关系中的乐趣。我的妻子黛安是我见过的最美丽、最有爱的人。黛安总是能看到每个人最好的一面。她的儿子达伦、女儿诺埃尔、姐妹琳达和苏以及父母杰克和琼也具有这个特质。2019年春天,我们一起庆祝了杰克和琼的70周年结婚纪念日。此情此景于"同道神力"有怎样的意义呢?2019年10月,在埃斯佩兰萨的卡波圣卢卡斯,我的女儿克里斯汀和泰勒、我的父亲詹姆斯和他的妻子谢丽尔、我的兄弟吉姆和他的妻子凯伦,以及他们的成年子女阿曼达、吉米和约翰,齐聚一堂庆祝我们的婚礼。这两个家庭如此天衣无缝地合二为一,可能会是我另一本书的主题。当下,我们是一个伟大的梦幻团队。我欣赏他们互相爱护、鼓励、支持、批评以及相互影响。

从专业角度讲,我在北美和英国最优秀的私董会小组和企业团队中测试了五大因素的最新状态,学习每一次的经验,并对我工作坊的每一步进行微调。整整四年,"同道创力"诞生了(包括Peernovation公司及其整个概念本身)。在新的工作场域,人工智能将与人类共存(正如托马斯·安格莱罗所解释的那样),这意味着我们将集体人性带入不断变化等

后 记

式中的能力对迎接其独特挑战至关重要。凭借这本书,我希望启动一场遍及全球的合作运动。

在此,我要感谢伟事达全球(圣地亚哥总部)、伟事达英国机构、伟事达佛罗里达州机构、TEC 加拿大团队及其教练和成员的帮助。他们领导、参与和支持着为 CEO、中小企业主和企业高管赋能的私董会小组。这些小组为我从撰写《同道神力》(2016)到《人人都能做什么》(2018)期间提出的许多发现提供了实践场域。

我的老朋友马蒂·林奇,新朋友亚历山大·基恩、克里斯汀·奥楚(W. I. N. 私董会小组成员),以及合伙人兰迪·坎特雷尔,把我带入播客的浩瀚世界中。自 2016 年以来,兰迪一直是位出色的内容合作者,以上各位都为这项事业做出了宝贵的贡献。艾米丽·克里斯滕森(Paper Cake 创意公司)设计了本书的插图。我也要感谢我在战略沟通和领导力硕士学位班的学习团队(LT21),以及西顿大学的教授。即使 10 多年过去了,我仍然每天从与他们在一起的经历中汲取经验。

我要感谢作家兼业余牛仔杰弗里·海兹莱特的支持,他为人慷慨大方,欣然同意为本书撰写序言。感谢詹妮弗·威瑟斯(Executive Growth Alliance 的创始人),她教会了我很多知识,并介绍我认识了 IBM 北欧创新总监托马斯·安格莱罗。托马斯对技术力量的掌握令人惊叹,对人性的理解和乐观态度也让我钦佩,并为本书撰写了另一篇序言,这篇序言为我们未来的"火箭发射"准备好了发射架。